blue notes
21

Wann beginnt das Alter? Wenn man zum ersten Mal vorm Spiegel steht und weiß, für dieses Kleid ist man zu alt? Wehmut fällt einen da an.
Andererseits hat die ältere – nein: die reife – Frau gerade ihren Siegeszug angetreten. Schlägt sie doch tatsächlich ihre jungen Konkurrentinnen aus dem Feld wie im Hollywoodfilm Was das Herz begehrt mit Jack Nicholson und Diane Keaton.
Die Frau, die den Dreißigern zum zehnten Mal Lebewohl gesagt hat, braucht sich nicht mehr um ihr Alter rumzuschummeln. Sie ist in den besten Jahren. Vielmehr hat sie die schönsten Jahre überhaupt noch vor sich. Jetzt erst wird sie alles haben, worum sie sich immer bemüht hat: Ruhe und Verstand, Anerkennung und Sinnlichkeit. Nie wieder Fehler – sie hat sie alle schon gemacht. Oder?
Wer daran zweifelt, dem sei Dorothy Parker ans Herz gelegt: »Jahre sind nur Kleider. Entweder du trägst sie dein Leben lang mit Stil, oder du gehst eben als Schlampe ins Grab.«

Jahre sind nur Kleider

Geschichten vom Älterwerden

Herausgegeben und mit einem Vorwort
von Manuela Reichart

edition ebersbach

Inhalt

Vorwort

Älter wird man von alleine

Wann genau beginnt sie eigentlich – die weibliche Plackerei mit dem Alter? Angesichts der ersten grauen Haare, der Falten, die den Mundwinkeln den tristen Zug nach unten verleihen, der stechenden Kopfschmerzen nach einer langen Barnacht, die früher ohne Folgen blieb? Oder einfach in dem Augenblick, wo die Frage ›ausgehen oder Sofa‹ gegen das mögliche Abenteuer und für die verdiente Ruhe ausfällt? So verschieden die ersten Anzeichen aussehen und empfunden werden mögen, unzweifelhaft älter geworden ist man, wenn man über die Kleiderfrage nachdenkt: Kann ich den kurzen Rock noch tragen, sieht der enge Pullover nicht zu jugendlich aus? Die Sommerentscheidung Bikini oder Badeanzug markiert dann die endgültige Altersschwelle. Und seitdem bauchfrei der letzte Schrei ist, müssen Frauen knapp über Dreißig bereits kapitulieren. Männer haben es da leichter, der Anzug gibt ihnen mit fünfundzwanzig und mit fünfundsechzig die nötige Form; der fettleibige Jeansträger ist allerdings eine mindestens so jämmerliche Erscheinung wie die geliftete fettfreie Dame mit dem gepunkteten Hängerchen. Der Kleiderwechsel kommt in den Geschichten vom

Älterwerden deswegen häufig vor. Wenn Elizabeth Bowen etwa ihre einst glückliche Ehebrecherin von einem erst neidischen, dann mitleidigen weiblichen Geist erzählen läßt, dann spielt der Blick auf ihre Garderobe (und auf das Jugend versprechende Make-up) eine wichtige Rolle: »Ich tat ihr leid, daß ich nie wieder die Dreißiger sehen würde, und sie bedauerte mich, weil ich es nicht wahrhaben wollte …« Von nun an verfolgt sie mit ängstlich-eifersüchtigem Blick jede jüngere Frau, die den Weg des Geliebten kreuzt. Natürlich fühlt sich eine Frau jünger, wenn sie begehrt wird, aber die andauernde Sorge, ob ihr das Kleid, der Hut auch wirklich steht, läßt sie trotzdem alt aussehen.

Wenn eine betagte Dame sich ihrer Jugend erinnert – wie die erfreulich flexible Protagonistin in Keto von Waberers Geschichte das tut –, dann denkt sie sehnsüchtig an die Röcke ihrer Jungmädchenzeit. Andererseits hilft hier das richtig gewählte hübsche Korsett im entscheidenden Augenblick, die Fassung zu bewahren, denn – jenseits der schmalen Silhouette unserer Jungmädchenblüte – das Alter kann auch Vorteile haben, wenn man sich nur richtig darauf vorbereitet und – mit oder ohne Mann – die Lust nicht aus dem Schlafzimmer verbannt.

Früher war es verpönt, eine Dame nach ihrem Alter zu fragen. Mag sein, daß sich hinter dieser Höflichkeit eine geschickt getarnte männliche Herabsetzung verbarg – andererseits wünscht man sich heute diese spezielle Art des Takts ebenso herbei wie ein paar andere in Vergessenheit geratene Liebenswürdigkeiten aus der Zeit, als Herren noch Kavaliere sein mußten. Vielleicht ist das auch eine Frage des Alters: die Sehnsucht nach Umgangsformen. Nach wie vor rutscht eine Frau über Fünfzig, wenn man ihr Geburtsjahr weiß, automatisch auf der erotischen Skala nach unten, und ein solch hinterer Listenplatz ist – Gleichberechtigung hin oder her – für eine Frau, was immer sie anderes und Postfeministisches dazu sagen mag, kein Spaß. Obwohl sich die Altersschranke in den letzten hundertsechzig Jahren immerhin zu unserem Vorteil verändert hat: Für Balzac lag die bedrohliche Schwelle von der erotisch Begehrten zur asexuellen Matrone schon bei der *Frau von dreißig Jahren*, die dänische Autorin Karin Michaelis setzte *Das gefährliche Alter* 1910 mit vierzig Jahren an, heute haben die attraktiven Fernsehkommissarinnen selbstverständlich mit Mitte Fünfzig noch sexuelle Ausstrahlung und ein Liebesleben. Das ist wahrscheinlich der größte Sieg der Frauenbewegung, auch wenn er teuer erkauft ist. Denn die Attraktivität, die von uns in allen Lebenszeiten erwartet wird, ist mühsam zu halten, und am Ende kann man den Kampf nur verlieren. Ingrid Bachér schreibt in ihrem klugen Buch *Sieh da, das Alter:* »Glückwunsch, die Transformation von einer hübschen Frau in eine alte Vettel ist doch sehr gelungen.«

Nie zuvor war außerdem der Hang zum Frauenaustausch bei erfolgreichen Herren in mittleren Jahren derart beliebt wie heute. Frauen jenseits der

Vierzig werden von ihren Männern gerne durch frische Modelle ersetzt. Immer mehr staatstragende Politiker gehen da mit entschiedenem Beispiel voran. Da hilft auch die Klage eines bekennenden Herrn jenseits der Fünfzig nicht, daß man sich mit einer jungen Gefährtin an der Seite viel älter fühle als vorher. Grundsätzlich gilt – allen männlichen Leistungsproblemen zum Trotz, die sich bei jüngeren Frauen noch nicht herumgesprochen zu haben scheinen –: Alter ist vor allem ein weiblicher Makel. Diesem Urteil unterwerfen wir uns heute wie vor hundert Jahren. Schließlich bedroht uns und nicht die Männer der biologische Gongschlag. Gegen diese Ungerechtigkeit der Natur läßt sich nichts machen. Wenn die Fortpflanzungsfähigkeit endet, die Hormonzufuhr versiegt, sollen wir mit Hilfe von Skalpell und Anti-Aging dafür sorgen, daß das nicht so auffällt. Aber was heißt ›sollen‹, wir wollen!

Der weibliche Kampf gegen das Alter beginnt bereits, wenn die gern zitierte biologische Uhr noch ganz gleichmäßig tickt. Der »Geburtstagsblues« der Dorothy Parker stimmt die richtige Melodie an: Mit Vierzig fängt das Alter an. In dem Film *Rossini* von Helmut Dietl feiert die schöne Gudrun Landgrebe als begehrte Frau zwischen zwei Männern zum wiederholten Male, mit vielen Kerzen und traurigen Blicken, ihren vierzigsten Geburtstag. »Die Grenze, an der es für eine Frau schmerzlich wird, ihr Alter zu nennen, könnte man als ihren Eintritt ins Alter bezeichnen, und dieser Schritt geschieht, lange bevor berufstätige Männer in den Ruhestand versetzt und zum alten Eisen gezählt werden«, schreibt Hannelore Schlaffer in *Das Alter – Ein Traum von Jugend*. Noch nie konnte man so lange so jung bleiben wie heute, auch wenn das aufwendig und anstrengend ist und leider nicht so wunderbar abläuft wie in der Geschichte von Djuna Barnes. Da erfüllt sich der wahre Traum: älter werden und doch jung sterben. Andererseits – und das machen alle Autorinnen der hier versammelten Geschichten deutlich – hat die kampferprobte Dame in jedem Alter eine Chance auf ihr Glück.

Als Vorbild muß da nicht allein Ninon de Lenclos dienen. Die Hörrohrbesitzerin in dem Roman von Leonora Carrington taugt dafür mindestens so gut wie die klassische Ehefrau in der Geschichte von Karin Reschke, die über die Kraft des Gedächtnisses verfügt – und vor allem über die Energie, die man zum Überleben braucht.

Franz Kafka, der nicht unter Verdacht steht, sich die Welt bunt zu reden, soll geschrieben haben: »Jeder, der sich die Fähigkeit erhält, Schönes zu erkennen, wird nie alt werden.« Kafka starb früh; sein Satz steht auf einer jener tröstlichen Postkarten, die gerne zum Geburtstag verschickt werden.

Hermann Hesse, der stets auf die heilende Hilfe des Geistes setzte und der hochbetagt starb, verfluchte dagegen die körperlichen Gebrechen: »Man stirbt ja so verflucht langsam und stückchenweise: Jeder Zahn, Muskel und Knochen nimmt extra

Abschied, als sei man mit ihm besonders gut gestanden.«

Die Wahrheit liegt wahrscheinlich in der Mitte ,und jede Frau erfährt sie anders, wenn sie erst einmal in die Jahre kommt, wo die Zukunft unwiederbringlich hinter ihr liegt. Wenn sie Glück hat, hilft der Blick aufs Schöne, wenn sie Pech hat, plagt sie der körperliche Verfall.

Nie zuvor alterten so viele Menschen bei guter Verfassung. In Amerika nennt man sie »Woopies« (»well off older people«) oder »Wollies« (»well income old leisure people«), und da sind sie auch längst entdeckt und umworben als kaufkräftige Gruppe. Bei uns sind sie vor allem gefürchtet als Rentenverzehrer und Krankenkassenlast. Die Demographie wird zur Schreckenswissenschaft unserer Tage. Bei der Lektüre der einschlägigen Zeitungsartikel rechnet man sich aus, wann man dazu gehört – zur Masse der verhaßten Alten.

Eine Dame pflegte mit Ende Siebzig auf die besorgte Frage ihrer Angehörigen, wann sie denn über den Umzug in ein Altersheim nachdenken wolle, mit der größten Selbstsicherheit zu antworten: »Wenn ich einmal alt bin.« In diesem Sinne sind die Heldinnen in diesen Erzählungen nicht nur tröstliche, sondern auch stärkende Vorbilder: Sie wenden sich selbstverständlich und allem körperlichen Makel zum Trotz neugierig den verbleibenden Jahren zu, verschmerzen tote Ehemänner und genießen neugierig, wenn auch immer wieder melancholisch, ihre verbleibende Zeit. »Das Alter erniedrigt uns nicht. Es ist nicht gegen unsere Natur, nur gegen unsere Vorstellung von uns selber.« In diesem Sinne: nur Mut beim Schritt ins Alter. Oder – um es mit den Bremer Stadtmusikanten zu sagen – etwas Besseres als den Tod finden wir überall.

Dorothy Parker

Geburtstagsblues

Was war das noch, was ich mir merken sollte, gleich beim Aufwachen? Ich weiß genau, da war etwas, etwas ziemlich Schlimmes sogar. Nicht einfach schlimm. Das hier war sehr ätzend schlimm, schlimm mit Rosinen drin. Ach ja, ich hab's. Meinen Geburtstag heute. Das wiegende Fest meiner Geburt, hier kommt es wieder den kosmischen Gürtel entlang. Der Herrgott weiß, ich habe nicht darum ersucht. Ich brauche es so nötig wie ein Loch im Kopf. Ich bin ein Geburtstagskrüppel, so stehen die Dinge.

Nun ja. Das Beste, was man da machen kann, ist das Beste, was man da machen kann. Noch viele glückliche Male, meine Liebe – da hat dich aber das laute Lachen gepackt, nicht wahr? So, das ist schon besser. Was sollen die salzigen Tränen auf deiner Wange an diesem deinem *Jour de fête?* Heute ist Fiesta. Schau, aus dem Brunnen sprudelt Wein, und auf dem Platz ist schon das tanzende Volk am Werk. Komm, los, ein Lied, ein Lied! *Happy birthday to you, happy birthday to you, happy birthday, poor bastard, happy birthday to-o-o you!*

Das ist es nämlich, Schätzchen. Das ist die Wende. Du hast den Dreißigern zum zehnten und letzten

Mal Lebewohl gesagt. Jetzt bist du dran, Schätzchen. Jetzt kriegst du's voll in die Fresse, Schätzchen. Gänsefüßchen unten, Schätzchen, Gänsefüßchen oben.

Feine Vorteile hast du da rausgeschlagen mit deinem Geschummel über dein Alter. Bestenfalls ein paar Jährchen konntest du glaubwürdig wegdrücken, und was zählen schon ein paar ausgespuckte Sandkörner in einem Archipel? Wenn du in eine fremde Stadt gezogen wärst und erzählt hättest, ein entsetzlich tragisches Leben zum größten Teil in den Tropen liege hinter dir, dann hättest du eventuell einen nennenswerten Nachlaß schaffen können.

Nein, das hättest du nicht geschafft. Selbst wenn du bis nach Trebizond gezogen wärst, du hättest genau da irgendeine getroffen, die in deiner Klasse war. Die reisen durch die ganze weite Welt, deine Klassenkameradinnen; Upper Montclair muß völlig entseelt sein. Mach die Augen zu und tipp irgendwo auf den wirbelnden Globus, und wo immer dein Finger draufzeigt, zu Wasser und zu Lande, irgendeine Schulkameradin von dir ist längst da. Es übersteigt jede Glaubwürdigkeit, daß sich vierzehn zottelige kleine Mädchen zu derart flächendeckenden Globetrottern auswachsen.

Nicht einmal zu Hause ist man vor ihnen sicher. Zieh dein schönstes Kleid an, geh aus dem Haus in sanftes Scheinwerferlicht, alles ist bereit, damit du »hochachtungsvoll – Katherine Hepburn« in erwartungsvoll dargereichte Bücher schreibst, und schon taucht etwas auf und will dich gerade anspringen, das in Jackson Whites Akademie für Überhöhte Töchter, die du in deiner Jugend offenbar besucht hast, neben dir gesessen hat. Du erkennst deine Mitschülerinnen schon einen Häuserblock weit an ihrem Gang; es ist genau wie bei Leuten, die neben einem Gefängniswärter ihre letzte Meile abschreiten. Weitere untrügliche Merkmale sind Haare, die aussehen wie durch die Gegend gepustete Asche, Münder wie Hufeisen, aus denen das Glück nur so tropft, und diese ganze Art, egal wie herrlich das Wetter ist, grundsätzlich für schwere Regenfälle gerüstet zu sein. Oh, oh Gott. Womöglich siehst du genauso aus für sie. Nein, nein, natürlich nicht. Hör auf. Tust du nicht, tust du nicht, tust du nicht.

Du weißt genau, sie sehen so aus, weil sie so sind und weil sie immer so gewesen sind; Jahre spielen da keine Rolle. Jahre sind nur Kleider, und entweder trägst du sie dein Leben lang mit Stil, oder du gehst eben als Schlampe ins Grab. Und dies hier sind die schönsten Jahre, die stehen dir am besten, diese Jahre, die dir demnächst geschenkt werden. Geht dir das denn nicht in den Kopf, du armes Hühnchen? Oh – mit welch tiefem Dank wirst du an diesen Tag zurückdenken! Als zierlichen Torbogen wirst du ihn sehen, durch den du in den Zaubergarten geschritten bist. Sicher wirst du das. Weißt du, was heute los ist? Heut' kommt des Lebens Jubeltag, wie Miss Rossetti wissen will, und nähmst du bloß ein Fünkchen Grips und gäbst dir einen Stoß, dein Herz würd' zwitschern wie der Vogel da, des Nest erbaut im Wasserschoß.

(Liebe Christina Rossetti, wir nehmen gerade englische Dichter durch, und ich habe Sie als Aufsatzthema gewählt. Bitte, schreiben Sie mir alle interessanten Sachen über sich, die Ihnen noch einfallen, auch wie Sie dazu gekommen sind, Gedichte zu schreiben, und was ist zum Teufel ein Wasserschoß.)

Sehr schön. Dann lauf eben *nicht* den ganzen Tag herum wie ein patschnasser Vogel, wenn du das so siehst. Aber du könntest wenigstens höflich sein und ein bißchen Begeisterung zeigen. Klar, du hast doch die Welt am Schwanz gepackt. Alles wird gut für dich von jetzt an. Du wirst all das haben, was du nie gehabt hast – Ruhe und Würde und Anerkennung. Du wirst nützlich sein und die wahre Zeit deines Lebens verbringen. Oh, es wird dir gefallen. Ehrlich, wird es. Ehrlich.

Also gut, Mittelalter. Du hast jetzt zehn Jahre hier rumgelungert. Jetzt nimm schon deinen Fuß von der Schwelle und komm rein ... Nein – bitte, warte eine Minute ... Bitte, bitte, nur noch eine Minute ... Ich kann noch nicht ...

Es ist dieses Wort »Mitte«. Jedes Wort, mit dem es zusammenstößt, bekommt so eine altjüngferliche Aura. Mitte – Mittelmaß, Mittelschicht, Mitte links, Mittelalter. Ach, könntest du doch bloß diese öden Dekaden überspringen und erst in den höheren Zahlen wieder runtergehen! Siebzig hat einen gewissen Chic, Achtzig Eleganz.

Die Leute sollten eins von beidem sein – jung oder

alt. Nein, wozu sich zum Narren halten? Die Leute sollten eins von beidem sein – jung oder tot.

Tja. Nimm's wie ein tapferer kleiner Soldat, was? Aber was um Himmelswillen gibt es da eigentlich zu nehmen? Hättest du gestern abend nicht sämtliche nächsten Seiten aus dem Kalender gerissen, du hättest den Unterschied nie gemerkt.

Wahrscheinlich siehst du gar nicht einmal mehr als vierundzwanzig Stunden älter aus als gestern. Es ist nur dein persönliches Stück Pech, daß du heute bist, was du bist, auch wenn du dich innerlich nie kregler gefühlt hast.

Innerlich bist du genau dieselbe wie vor fünfzehn Jahren oder zwanzig. Möchte irgendein Kavalier vielleicht auf dreißig erhöhen? Die einzigen spürbaren Unterschiede sind dein Hang, deine Freunde für etliche Jahre älter zu halten, als sie zugeben, und die Bereitwilligkeit, mit der du Sechzig für das Tor zur Mündigkeit hältst. Du könntest allerdings gewisse äußerliche Veränderungen vornehmen, wenn dir danach ist. Zum Beispiel könntest du diesen Apfelblütenhut weggeben; irgendeine kleine Krätze kann ihn bestimmt gut gebrauchen, für die Sonntagsschule. Wird auch Zeit, daß du das Handtuch wirfst und endlich aufhörst, Kleider immer eine Nummer größer machen zu lassen, weil du ja noch reinwachsen könntest.

Nimm's leicht – mehr brauchst du nicht zu tun. Kämpf nicht dagegen an. Du bist die einzige, die sich leidenschaftlich für dein Alter interessiert; andere Leute haben selber Sorgen. Es wird vermutlich nie

Thema werden, außer du selbst bringst es aufs Tapet. Und wie oft kommt denn schon wirklich das Gespräch auf Abiturfeiern?

Feines Benehmen. Die besten Jahre deines Lebens liegen vor dir, offen wie ein bunter Fächer, und du sitzt hier rum und schmollst. Schau dir all die Frauen an, die erst lange nachdem sie – sagen wir – voll erblüht waren, berühmt geworden sind. Schau dir Ninon de Lenclos an. Nein, du sollst jetzt nicht über all die armen Seelen grübeln, die sich immer mit Blick auf Ninon de Lenclos aufzumöbeln versuchen. Behalt du nur Ninon de Lenclos im Auge, dann kannst du gar nichts falsch machen; was eine Frau geschafft hat, kann eine Frau schaffen. Und halt dich bei deinen Gedanken an das, was vor dir liegt. Es wird Freunde geben und Arbeit und Geselligkeit und Gelächter. Es könnten sogar sehr gut ein paar gediegene kleine Abenteuer dabei rauskommen. Es ist gar nicht gesagt, daß du nicht auch zum Tanz gebeten wirst. Um Gotteswillen, es muß doch irgendwo irgendwen geben, der Benjamin Franklins Brief an einen jungen Mann zur Kenntnis genommen hat!

Dein Weg liegt so eben und so anmutig vor dir. Du brauchst überhaupt nie mehr einen Narren aus dir zu machen – du hast die komplette Kollektion beisammen. Nie wieder Fehler – du hast sie alle gemacht. Für dich gibt es nur noch Erfüllung und Leichtigkeit und Zärtlichkeit. Und du brauchst sie dir nicht einmal zu erarbeiten. Sie werden dir geschenkt, als Gaben zu diesem deinem glücklichsten Geburtstag.

Na, komm schon rein, Mittelalter, komm rein, komm rein! Komm ganz nah, gib mir deine Hand, laß dir ins Gesicht schauen ... Oh ... Siehst du wirklich so aus? ... Oh, Gott hilf mir ... hilf mir ...

Elizabeth Bowen

Rotdorn

»Es war schon komisch«, sagte sie, »das mit dem Geist. Er kam immer in mein Schlafzimmer, wenn ich mich zum Essen umzog, wenn ich mich umzog, um auszugehen.«

»Du hattest Angst?«

»Ich war so in Eile; dazu war nie Zeit. Wenn man sich in solcher Eile umziehen muß, ist auch etwas Außergewöhnliches nur ein zusätzliches Ärgernis. Und das Zimmer lag zu der Zeit, von der ich rede, immer im vollen Tageslicht – Sonnenuntergang. Es hatte zwei hohe Glastüren, und sie waren auf gleicher Ebene mit den Spitzen der Rotdornbäume auf dem Platz. In diesem Monat standen sie in Blüte, sie waren rosa. In dem klebrigen Sonnenlicht, das abends herrschte, sah der Rotdorn ziemlich theatralisch aus. Es gehörte zum Ausgehen einfach mit dazu.« Sie machte eine Pause, sagte dann: »Das war der Monat meines Lebens.«

»Welcher Monat?«

»Der Monat, den wir in diesem Haus verbrachten. Ich sagte doch, es war ein möbliertes Haus, das wir gemietet hatten. So wie die Mieten heutzutage sind, war es billiger als eine Wohnung. Man sagt, ein Haus macht mehr Arbeit, aber dieses machte keine Arbeit, weil wir es als Wohnung betrachteten, weißt du. Ich meine, wir waren praktisch nie zu Hause. Ich habe erst gar nicht versucht, Personal zu bekommen, weil ich wußte, es gab keins. Wenn Neville morgens aufstand, brühte er den Kaffee auf; eine Putzfrau machte sauber, wenn ich ins Lager gegangen war, und wir hatten mit dem Hausmeister von nebenan eine Abmachung, daß er sich um den Boiler kümmerte, so daß wir immer heißes Wasser zum Baden hatten. Und die Betten waren auch bequem. Die Leute, die sonst dort wohnten, hatten es sich schön gemacht.«

»Ihr habt sie nie getroffen?«

»Nein – nie. Warum auch? Wir hatten alles durch einen Makler geregelt, wie man das eben so macht. Ich glaube, der Mann war irgendwo stationiert, und sie war irgendwo auf dem Land, um in seiner Nähe zu sein. Sie können keine Kinder gehabt haben, so wie wir – es war eines von diesen kleinen Häusern, nur für zwei Leute.«

»Hübsch?«

»J-ja«, sagte sie. »Es war plüschig. Eines dieser älteren Häuser, die innen hergerichtet wurden. Aber du weißt ja, wie es mit Sachen anderer Leute ist – man kann sie nie richtig benutzen, und sie scheinen einen die ganze Zeit über zu beobachten. Nicht daß wir uns hätten gemütlich einrichten wollen – wie sollten wir auch, wenn wir beide den ganzen Tag fort waren? Und Anfang Juni sind wir wieder ausgezogen.«

»Wegen des …?«

»Oh, nein«, sagte sie rasch. »Das war überhaupt nicht der Grund.« Sie zündete eine Zigarette an, nahm zwei Züge und schien zu zögern. »Aber nun erzähle ich dir von dem Geist.«

»Ja, los!«

»Bin schon dabei. Wie ich sagte, es war schon komisch, sich in Höchstgeschwindigkeit oben in einem leeren Haus umzuziehen, und draußen glühte der Sonnenuntergang. Mir scheint es so, als seien alle Abende schön gewesen. Ich nahm immer ein Taxi zurück vom Lager; heutzutage muß man Geld bezahlen, wenn man Zeit sparen will, und ein Bad und Umziehen war wichtig – du weißt gar nicht, wie man sich fühlt, wenn man den ganzen Tag Pakete gepackt hat! Ich hätte nicht so wie die anderen Mädchen, die dort arbeiteten, direkt vom Lager zu einer Verabredung gehen können. Ich kann mich nicht mit jemandem treffen, wenn ich mich nicht irgendwie besonders fühle. Also bin ich nach Hause gejagt. Neville war nie da.«

»Ich wollte schon fragen ...«

»Nein, Neville arbeitete bis in die Puppen, zumindest mußte er bleiben, falls noch etwas hereinkam. So hat er immer auf dem Rückweg im Club zu Abend gegessen. Wenn er endlich dort hinkam, war meist nicht mehr viel zu essen übrig. Teilweise war es wohl das, was ihn so nervös machte, glaube ich.«

»Aber du warst nicht nervös?«

»Ich sage dir«, sagte sie, »ich war glücklich. Verrückt glücklich – vielleicht etwas überdreht. Heutzutage ist man viel eher nervös als ich damals. Das ist eines, was ich in diesem Krieg erfahren habe.«

»*Du warst glücklich ...*«

»Ich hatte meine Gründe – die mit meiner Geschichte nichts zu tun haben.«

Nach zwei oder drei Minuten hastigen Rauchens beugte sie sich vor, um die Zigarette auszudrücken. »Wo war ich stehengeblieben?« fragte sie mit veränderter Stimme.

»*Umziehen ...*«

»Nun, das erste, was ich machte, wenn ich nach Hause kam, war, die Fenster in meinem Schlafzimmer zu öffnen, weil ich den Eindruck hatte, daß es immer nach der Putzfrau roch. Das machte ich also immer, bevor ich das Bad einließ. Die Blütenpracht der Bäume war so grell, daß ich die Augen zusammenkneifen mußte, und der schwere, irgendwie rauhe Geruch des Rotdorns strömte herein. Ich war nie sicher, ob ich ihn nun mochte oder nicht, aber irgendwie fühlte ich mich leicht beschwipst. Was immer morgen geschieht, heute ist heute. Kennst du das Gefühl? Dann ließ ich das Wasser ein. Das Badezimmer war der zweite Raum in diesem Stockwerk, und eine Tür neben dem Bett führte hinüber. Ich badete immer bei offener Tür, um das Licht hereinzulassen. Es dauerte so lange, die Verdunkelung im Badezimmer abzumachen.

Während das Wasser einlief, trödelte ich so herum und legte heraus, was ich anziehen wollte, schminkte mich ab und so weiter. Ich sage ›trödelte‹, weil das

Wasser eben eine bestimmte Zeit brauchte. Ich finde auch nichts dabei, dir zu gestehen, daß ich pfiff. Nun, was schadet es, wenn wenigstens einer glücklich ist? Einfach nur mit Grübeln gewinnt man diesen Krieg nicht. Wenn ich an diesen Monat zurückdenke, dann habe ich die ganze Zeit gepfiffen. Wie sie mich im Lager immer angesehen haben! Das Sonderbare jedoch ist, daß ich mich zwar erinnere, gepfiffen zu haben, aber ich weiß nicht, wann ich damit aufhörte. Ich muß es irgendwann aufgegeben haben, weil ich es da hörte.«

»*Hörte?*«

Sie zündete sich mit leisem Stirnrunzeln eine neue Zigarette an. »Was war es noch, was ich beim ersten Mal hörte? Vermutlich die Stille. Daher muß ich zu pfeifen aufgehört haben, nicht wahr? Ich lag in meiner Badewanne, die Tür hinter mir offen, als ich wegen der Stille plötzlich stocksteif dasaß. Dann sagte ich zu mir: ›Mädchen, daran ist nichts Merkwürdiges. Was erwartest du in einem leeren Haus zu hören?‹ Trotzdem drehte ich mich in der Badewanne anders herum, damit ich ein Auge auf die Tür haben konnte. Nach einer Minute hörte ich etwas, das dann keine Stille war, und ich dachte sofort, Neville müsse früh heimgekommen sein, und ich gebe gern zu, daß ich ›Verdammt!‹ sagte.«

»*Oh?*«

»Es ist lästig, wenn jemand einen fragt, wohin man geht, wenn es auch nichts ausmacht, zu sagen, wo man gewesen ist. War Neville nach Hause gekommen, würde er überall nach mir suchen, also machte ich gute Miene und brüllte ›Hoi!‹ Aber er gab keine Antwort, denn er war es gar nicht.«

»?«

»Nein. Und was immer in meinem Schlafzimmer war, mußte schon eine ganze Zeit dort gewesen sein. Ich dachte: ›Wind ist aufgekommen und hat sich in dem verdammten Chintz verfangen.‹ Zugluft ärgert mich; irgendwie macht es mich nervös. Ich stieg also aus der Badewanne, wickelte das große Handtuch um mich und schloß die Fenster in meinem Zimmer. Aber ich war überrascht, als ich die Rotdornbäume sah – die Zweige waren absolut reglos. Das schien sonderbar. Zugleich flog die Tür zum Badezimmer zu, und der Deckel fiel von einer meiner Cremedosen auf den Toilettentisch, der eine Glasplatte hatte.

Nein, ich habe nicht gesehen, was es war. Aber: Was immer es war, es sah mich.

Dieses erste Mal war es nur eine Kleinigkeit. Wenn es nur an diesem einzigen Abend passiert wäre, hätte ich wahrscheinlich nicht wieder daran gedacht. Dinge beschäftigen einen nur, wenn sie immer wieder passieren. Aber ich bin immer irgendwie komisch gewesen – und besonders unangenehm ist es mir, wenn ich mich beobachtet fühle. Du vermutest das vielleicht nicht bei mir, aber ich habe es nicht gern, wenn man mich kritisiert. Ich will niemandem etwas Schlechtes, warum also sollten mir die anderen übelwollen? Ich kann es nicht vertragen, wenn meine Ohren anfangen zu brennen.

Ich schraubte den Deckel wieder auf die Dose und schaltete das Licht vor dem Spiegel ein, der, da er zwischen den beiden Fenstern hing, nie das richtige Licht hatte. Ich fand, ich sähe komisch aus im Spiegel – irgendwie durcheinander. Ich sagte zu mir: ›Was habe ich denn wem getan?‹, aber abgesehen von Neville fiel mir niemand ein. Außerdem hatte ich keine Zeit – als ich meine Armbanduhr in die Hand nahm, sagte ich: ›Gott!‹ Ich wirbelte also hin und her und zog mich an. Vielmehr: Ich wirbelte hin und her, so gut es eben geht, wenn einem ständig einer im Weg ist. Das ist alles, an was ich mich vom ersten Mal erinnere, glaube ich. Oh, ja. Ich bemerkte, daß der Schleier an meinem weißen Hut nicht so war, wie er sein sollte. Als ich diesen Hut vor dem Baden herausgelegt hatte, war er so frisch wie eine Margerite gewesen – eine Margerite, die sich gerade geöffnet hat.

Du weißt, wie das ist, wenn von einem Abend so viel abhängt – man kann sich einfach nicht leisten, nicht in Form zu sein. Deshalb ermahnte ich mich auf dem Weg nach unten energisch. ›Vergiß es endlich‹, sagte ich zu mir. ›Du hast doch Persönlichkeit. Du kannst doch den einen oder anderen Fleck auf dem Schleier vertragen.‹

Als ich dann in dem Restaurant war, als ich ihn getroffen hatte, da war mir das Ganze wieder aus dem Kopf. Ich war in doppelt so guter Form wie sonst. Und so, wie sich alles entwickelte …

Es war ungefähr eine Woche später, als ich den Dingen ins Auge sehen mußte: Je besser der Rest meines Lebens wurde, desto schlimmer wurde dieser Teil des Abends; oder besser gesagt: wäre er geworden. Aber ich ließ es nicht zu. Wo alles andere perfekt war – nun, wer hätte das getan? Es ist ziemlich aufregend, ich meine, diese Art Herausforderung, wenn man weiß, jemand will einen unterkriegen. Und wenn dieser andere eine Frau ist, dann kommst du bald hinter ihre Technik. Sie war eifersüchtig, das war es.

Weil zu allen anderen Zeiten das Zimmer einfach ein Zimmer war. Es war keine Ablehnung, weder von mir noch von Neville. Wenn ich nach Hause schlich, schlief er immer. Ich konnte alle Lichter anknipsen und meine Schuhe fallenlassen und alle Schränke auf- und zumachen – er lag da wie tot. Er war ungewöhnlich erschöpft, glaube ich. Und das Zimmer war einfach ein Zimmer in einem Haus, das anderen Leuten gehörte. Und morgens, wenn er aus dem Bett rollte und hinuntertapste, um den Kaffee zu machen, ohne ein Wort, wie ein Schlafwandler, war das Zimmer einfach ein Zimmer, in dem man gerade aufgewacht ist. Der Rotdorn draußen sah perlmuttrosa aus im frühen Morgenlicht, und gewöhnlich sangen ein paar Vögel. Schön. Während ich darauf wartete, daß Neville den Kaffee brachte, lag ich da und dachte so vor mich hin.

Wenn er überhaupt richtig wach war, ehe er das Haus verließ, wechselten wir ein paar sehr freundliche Worte. Ich hatte nicht das Gefühl, daß irgend etwas in der Luft lag. Wenn ich bei ihm den Eindruck hervorrief, daß ich die Abende mit Freundinnen im Kino verbrachte, die ich im Lager kennengelernt hatte, mit ihnen anschließend nach Hause ging, um eine Ovomaltine zu trinken – nun, das schien mir nur vernünftig und angemessen. Wenn er nur mehr interessiert an meinem Leben gewesen wäre – aber er hatte nur Interesse an seiner Arbeit. Ich habe mich nie darüber beklagt – das muß ich sagen. Ich weiß, wenn Krieg ist, ist Krieg. Männer sind nur so anders. Weißt du, dieser andere arbeitete genauso schwer, aber er hat sich für mich interessiert. Er sagte, er finde mich so ruhig. Neville hat so was nie gesagt. Eigentlich kann ich mich nicht erinnern, daß Neville in dem ganzen Monat, den wir in dem Haus wohnten, überhaupt etwas gesagt hat.

Nein, was sie nicht leiden konnte, war, daß ich ausging. Sie war entweder eine streitbare Puritanerin, oder sie hatte irgendwann mal eine schlechte Erfahrung gemacht. Ich neige zu letzterem – wenn ich auch nicht sagen kann, warum. Nein, ich kann nicht sagen, warum. Ich war nie eine besonders feinfühlige Person. Ich weiß nicht, ob das bedauerlich ist oder nicht. Ich muß gestehen, ich mag sensible Leute nicht sehr – mein Instinkt würde mir raten, einer solchen Person aus dem Weg zu gehen. Und im ganzen gesehen ist mir das auch immer gelungen. Nur, hier war sie natürlich im Vorteil. Du kannst jemandem … also, ihr konnte ich nicht aus dem Weg gehen. Sie war einfach da. Und sie wollte mich in die Enge treiben.

Vielleicht hatte sie auch einen Poltergeist mitgebracht. Was sie alles mit meinen Sachen machte … An jedem Abend, wenn ich mich in diesem Zimmer umzog, verlor ich fünf Minuten – ich meine, ich brauchte jeden Abend fünf Minuten länger, um mich anzuziehen. Aber das war alles noch unterhalb ihres Niveaus. Das war nur der Anfang, mich unterzukriegen, ehe sie mit der wahren Taktik herausrückte. Das wirklich Unheimliche war, daß sie ihre Haltung änderte. Jenes erste Mal (wie ich dir erzählte) spürte ich ihre Abneigung – nun, ›Abneigung‹ war noch milde ausgedrückt. Aber nach ein oder zwei Abenden war das vorbei. Sie vermittelte mir nun den Eindruck, daß sie mich gefangen hatte und daß ich ihr einfach verdammt leid tat. Ihr tat jedes Kleid leid, das ich anzog, und meine Hüte waren einfach mehr, als sie ertragen konnte. Ihr tat es leid, wie ich mein Gesicht zurechtmachte – sie stand mir direkt am Ellbogen, wenn ich mein Make-up herausholte, völlig starr vor Verzweiflung. Ich tat ihr leid, weil ich nie wieder die Dreißiger sehen würde, und sie bedauerte mich, weil ich es nicht wahrhaben wollte – kurz, sie begann mich zu bemitleiden.

Verstehst du, was ich meine, wenn ich sage, ihre Haltung hätte leicht ansteckend sein können?

Und das war noch nicht alles, was ihr an mir leid tat. Ich meine, es gibt bestimmte Dinge, die eine Frau, wenn sie glücklich ist, aus ihren Gedanken vertreibt. (Ich meine, wenn sie mit einem Mann glücklich ist.) Und man verdrängt andere Sachen, wenn es nicht der eigene Mann ist, mit dem man glücklich ist. Es gibt bestimmte Dinge, nach denen man sich nicht fragt, und bestimmte Dinge, an die man sich auch nicht erinnert. Und genau das waren die Sachen, die sie ständig aufs Tapet brachte. So was tat sie am liebsten.

Was ich aber nicht wußte und immer noch nicht weiß, ist – warum das alles jemandem geschieht, der glücklich ist? Einer Frau, die den besten Monat ihres Lebens verbringt, mit dem blühenden Rotdorn und allem. Was hatte ich ihr getan? Sie war tot – vermutlich … Ja, ich verstehe nun, daß sie einen schweren Schlag erlebt haben muß.«

»*Wie kommst du darauf?*«

»Ach, man weiß doch, wie man sich da fühlt.«

»*Oh …?*«

»Sieh mich nicht so komisch an. Ich habe mich doch nicht verändert, oder? Du hättest gar nichts bemerkt? Vermutlich ist es einfach die Jahreszeit; August ist ein ziemlich müder Monat. Und die Dinge enden ohne Vorwarnung, ehe man noch weiß, wo man ist. Ich hoffe, der Krieg ist im nächsten Frühjahr vorbei; ich möchte gern verreisen, wenn ich kann. Irgendwohin, wo es nur Pinien und Palmen gibt. Ich will London nicht wieder rosa vor Rotdornblüten sehen – nie mehr!«

»*Und Neville …?*«

»Neville? Hast du das wirklich nicht gewußt? Habe ich nicht …? Er – ich – wir – ich meine, wir leben getrennt.« Sie stand auf und stellte den vollen, qualmenden Aschenbecher auf einen anderen Tisch und zögerte, brachte dann ein leeres Tablett mit zurück. »Seit wir das Haus verließen«, sagte sie. »Ich erzählte doch, daß wir das Haus aufgaben. Das war der Grund … Wir haben uns getrennt.

Es war jene andere Sache, die falsch lief«, sagte sie. »Wenn ich meinen klaren Kopf bei Neville behalten hätte, hätten er und ich nie … ich meine, die Ehe bedeutet einem doch etwas … Ich hatte gedacht, ich würde immer verheiratet sein, was immer auch passiert. Ich hätte merken müssen, daß sich Neville in einem Zustand der Erregung befand. Wie ein Idiot habe ich Neville mein Herz ausgeschüttet; ich hatte den Kopf verloren. Aber zu dieser Zeit hatte ich keine Beherrschung mehr. Wenn die eine Sache, für die du gelebt hast, in Scherben zerfällt …

›In Scherben zerfällt‹ ist der richtige Ausdruck. Und dennoch sehe ich jetzt, daß die Dinge seit einiger Zeit schon schlechter gelaufen waren. Damals sah ich es nicht, wie ich auch nicht bemerkte, daß der Rotdorn auf dem Platz verwelkte – bis eines Morgens das Wetter wechselte und ich merkte, daß alles braun war. All mein Glück hörte auf, wie ich mit dem Pfeifen aufhörte – aber wann genau, das weiß ich nicht sicher.

Der Anfang vom Ende war so leise. Ich kam zum Beispiel jeden Abend, wenn wir uns trafen, ein wenig mehr zu spät. Deshalb entgingen uns die vorbestellten Tische in den Restaurants – du weißt, wie das heute mit Restaurants ist. Dann hatte ich irgendwie die Idee, daß mir keines meiner Kleider mehr stand. Ich begann mir einzureden, daß er meine Hüte abschätzig betrachtete, und da wurde ich nervös und sah schlecht aus. Dann hatte ich diese idiotischen Ideen über jedes Mädchen, mit dem er sprach – ich wollte nicht, daß irgendeine jünger war als ich. Dann, in den Momenten, die sonst unsere perfektesten gewesen waren, begann ich mich zu fragen, ob ich wirklich glücklich war, bis ich zu ihm sagte – was fatal war –: ›Liegt soviel daran?‹ … Ich hätte mehr die roten Lichter beachten sollen – als er zum Beispiel sagte: ›Weißt du, du bist ziemlich durcheinander.‹ Und er sagte oft: ›Müde?‹ auf eine etwas resignierte Art und Weise. Ich sagte dann immer, ich hätte mich in solcher Eile umziehen müssen. Aber Tatsache ist, daß Männer den Gedanken verabscheuen, daß sich Frauen beeilen. Eines Abends, weiß ich, bin ich explodiert: Ich sagte: ›Verdammt, ich habe einen Geist in meinem Zimmer!‹ Er setzte mich sofort in ein Taxi und schickte mich – nicht: begleitete mich! – heim.

Ich habe ihn danach noch ein paarmal gesehen. Dieser Brief – sein Brief war eine totale Überraschung … Das Komische war, daß ich wirklich an dem Abend mit einem Mädchen aus gewesen war, als ich spät nach Hause kam und den Brief fand.

Wenn Neville nicht da gewesen wäre, als ich den Brief bekam, wären Neville und ich – vermutlich – noch verheiratet. Auf der anderen Seite – die Dinge haben immer zwei Seiten – wenn Neville nicht da gewesen wäre, wäre ich verrückt geworden ... Also«, sagte sie in verändertem Ton, »lebe ich jetzt in einem Hotel. Bis ich sehe, wie sich die Dinge entwickeln. Bis der Krieg vorbei ist oder so. Ist eigentlich nicht so schlecht, und ich bin den ganzen Tag unterwegs. Ich gebe dir meine Adresse und Telephonnummer. War schön, dich zu sehen, Liebling. Versprichst du, daß wir uns wiedersehen? Ich muß wirklich mit meinen Freunden Verbindung halten. Und man trifft nicht oft jemanden, der einen Geist gesehen hat.«

»Aber hast du ihn denn jemals ...?«

»Nun, nicht genau. Nein, ich kann nicht behaupten, ihn gesehen zu haben.«

»Du meinst, du hast ihn einfach nur gehört?«

»Nun, nicht genau ...«

»Du hast Dinge gesehen, die sich bewegten?«

»Nun, ich habe mich nie rechtzeitig umgedreht. Ich – wenn du es nicht verstehst, tut es mir leid, daß ich dir die Geschichte überhaupt erzählt habe! Kein Geist – wo er doch mein ganzes Leben ruiniert hat! Siehst du denn nicht, kannst du denn nicht verstehen, daß es etwas gewesen sein muß? Ganz allein ruiniert man doch nicht sein ganzes Leben!«

Djuna Barnes

Altweibersommer

Im Alter von dreiundfünfzig Jahren war Madame Boliver wieder jung. Sie wurde mit einem Male von einem Strudel unbekümmerter Jugendlichkeit gepackt und zur strahlenden Schönheit. Was sie mit den Jahren angefangen hatte, die sich zu einer derart vollkommenen Summe addiert hatten, wußte sie nicht – es war ein seltsamer, verschwommener Traum. Sie war unansehnlich, beinah häßlich gewesen, schüchtern, eine alte Jungfer. Sie war groß und ungelenk gewesen – in dem jugendlichen Alter, das bei Mädchen als Knospe bezeichnet wird, hatte sie sich hingesetzt, als würde sie gleich in der Mitte durchbrechen.

Als sie dreißig war, war sie unverhohlen und in erstaunlichem Maße Yankee gewesen; kerzengerade kam sie eckigen Ganges auf einen zu. Sie war streng, schweigsam und neugierig gewesen. Was wahrscheinlich der Grund dafür war, daß sie Madame genannt wurde. Sie trug Schwarz, das mit weißen Krägen und Manschetten abgesetzt war, ihr Haar war straff zurückgebunden und ließ Ohren mit großen Ohrläppchen sehen. Dies straffe Haar entblößte ihr Gesicht zu jener augenfälligen, unschönen Nacktheit, die Zimmer zuweilen an sich haben, wenn schwere, melancholische Vorhänge aufgezogen werden – sie blickte mit derselben unalltäglichen, erwartungsvollen Miene dem Leben entgegen, die gute Stuben zur Schau tragen, wenn sie sich für die einzige festliche Gelegenheit des Jahres auftun, die bekundet, daß ihre Besitzer keine armen Leute sind.

Sie hatte keine Freunde und konnte keine Bekanntschaften aufrechterhalten – ihre Zunge war scharf, rasch und wahrheitsliebend. Sie sprach selten, doch mit so viel unerbittlicher Strenge und Genauigkeit, daß diejenigen, die einmal mit ihr zu tun gehabt hatten, Sorge trugen, ihr kein zweites Mal in dieser Weise ausgeliefert zu sein.

Sie wurde stetig älter und das ohne Bedauern – lange noch, ehe sie dreißig war, hatte sie alle Ansprüche auf ein gewöhnliches Leben wie auch jegliche Hoffnung auf ein »ungewöhnlich« zu nennendes aufgegeben; sie wandelte auf einem geradlinigen Pfad zwischen beiden, und sie war es zufrieden und machte sich wenig Gedanken darüber, was an ihr das wohl war, das sie ungeliebt und unliebenswürdig gemacht hatte.

Ihre Schwestern hatten geheiratet und sich von ihr entfernt wie Blütenblätter fortgeweht werden und den kahlen Stengel übriglassen – ihre Kinder kamen zu ihr wie Pollen, und sie hatte Freude an ihnen und war auf bescheidene Weise glücklich. Früher hatte sie auch einmal von Liebe geträumt, doch das war gewesen, ehe sie noch siebzehn war – zu dem Zeitpunkt war ihr dann klar, daß sie niemand um ihre Hand bitten würde – sie war unansehnlich und unattraktiv, und sie war zufrieden.

Sie war Magd und Ratgeberin in einem geworden – alles, was es zu bewerkstelligen oder zu lösen gab, wurde ihr aufgebürdet. Sie schuftete anstandslos und bereitwillig für andere, und die ließen sie schuften.

Mit dreiundfünfzig erglühte sie in einem Altweibersommer von überwältigender Schönheit. Sie war groß und prachtvoll anzuschauen. Der Duft einer exotischen Blume umwehte sie; sie strömte irgend etwas aus, das in Duft und Ton jene köstliche Nähe zu Schmerz und Lust ahnen ließ; allen bis dahin gestaltlosen Dingen lieh sie plastische Gestalt. Sie war wie ein erlesenes Holz, das zu einem Model geschnitzt worden war – sie atmete unversehens wie jemand, der ein halbes Jahrhundert tot gewesen ist.

Ihr Gesicht war freilich nicht jenes mollige, flaumige nichtssagende Antlitz der ersten Jugend – es war schmal und dunkel und zeigte ein paar höchst empfindsame Fältchen; um den Mund herum gab es Anzeichen eines Humors, den sie nie besessen hatte, und einer Liebe, die sie nie gekannt hatte, einer Freude, die sie nie erlebt hatte, und einer Weisheit, die zu erwerben ihr ganz unmöglich gewesen war. Ihre immer noch neugierigen Augen mit den blauweißen Rändern und der leuchtenden Iris waren halb von seltsam staubigen Wimpern verhangen. Das Haar, das einst straff zurückgekämmt gewesen war,

war zwar immer noch zurückgekämmt, doch entblößte es keine so entsetzlich strengen Züge mehr. Vielmehr schien das Haar all jenen einen Gefallen erweisen zu wollen, deren Blick seine bescheidene Fülle suchte, weil es ein Gesicht enthüllte, das zugleich betrachtenswert und ungewöhnlich war.

Ihr Lächeln war reich an Farben – das leuchtende Hellrot ihres Zahnfleischs, die auffällige Weiße ihrer Zähne, der feuchte Schimmer ihres empfindsamen Mundes, das alles erweckte den Eindruck, Madame Boliver sei durch und durch von einem vollendeten, erlesenen Leben gefärbt.

Wenn sie jetzt den Raum betrat, hoben alle Anwesenden die Köpfe und sprachen über sie. Sie war sich dessen sehr wohl bewußt, und es gefiel ihr – nicht, daß sie übermäßig eitel gewesen wäre, es war nur so neu und unerwartet.

Eine Zeitlang genügte ihr schon ihre bloße Jugend – sie lebte mit sich selbst, als sei sie ein zweiter Mensch, dem der Zugang zu einem wunderschönen, lang ersehnten Traum gestattet worden war. Sie wußte nicht, was sie tun sollte. Hätte sie aufgrund ihrer neuen Jugend die Religion wiederentdecken können, sie hätte an Andachten teilgenommen und mit inbrünstiger Freude und Zuversicht dem Niederknien und Aufstehen beigewohnt, doch gehörte dies zu ihrer einstigen Kindheit und war somit nicht, was sie brauchte.

Damals hatte sie gebetet, weil sie häßlich war; jetzt konnte sie nicht beten, weil sie schön war – sie wollte etwas Neues, dem sie sich zuwenden, mit dem sie sprechen konnte.

Eins ums andere verschwanden die alten, unschönen Dinge, und an ihrer Stelle fanden sich venezianisches Glas und Onyxschalen, Seidenstoffe, Kissen und Parfüm ein. Aus ihren Büchern wurden Zeitschriften mit seltsamen, unübertrefflich gelungenen und gewagten Illustrationen.

Alsbald hatte sie einen Salon. Alles riß sich um sie. Herren mit Politikerkoteletten, mit pomadisiertem und gelocktem Haar überließen ihre Überzieher den Armen feierlich ernster, bestens geschulter Bediensteter.

Junge Studenten mit Blume im Knopfloch und Ambitionen fanden sich ein; ein, zwei Gesandte schauten herein, legten Herzen zu Füßen und empfahlen sich wieder. Dichter und Musiker, Literaten und Künstler, die mit Modernem experimentierten, gruppierten sich um ihre Kaminsimse wie Schmetterlinge sich über Bonbons zusammenfinden und ergossen ihre Herzen in ihr Ohr.

Etliche Herren von Muße und Millionen machten ihr mit Tränlein in den Winkeln ihrer alerten Augen entfesselt den Hof. Professoren mittleren Alters und gar ein Diözesan fanden sich im Gedränge derer, die ihre hübsche Wohnung an den Tagen füllten, wenn sie empfing.

Etwas an Madame Boliver wollte ihr nicht recht nachgeben. Sie war immer noch ängstlich; sie schreckte zusammen, zog mitten in irgendeiner hitzigen Debatte die Hand zurück und erbleichte – bei solchen Gelegenheiten eilte sie dann zum Spiegel, wenn sie auch nie den Kopf wandte, um hineinzuschauen.

War das möglich, daß sie jetzt schön war? Und wenn, würde es andauern? Und ihr Herz sagte ihr: »Ja, es wird andauern«, bis sie es endlich glaubte.

Sie ließ die Vergangenheit hinter sich und versuchte, sie zu vergessen. Die Erinnerung daran schmerzte sie, als sei das etwas, das sie in einem Augenblick der Zerstreutheit begangen hatte und dessen sie sich schämen müßte. Sie erinnerte sich daran, wie man sich an eine kleine unrechte Handlung erinnert, die jahrelang im Gedächtnis verborgen lag. Sie dachte an ihre einstige Reizlosigkeit, wie ein anderer an irgendeine selbst verübte Grausamkeit denken mochte. Ihre Augen wurden feucht, wenn sie daran zurückdachte, wie sie sich selbst in den Zwanzigern gesehen hatte. Ihre Lippen zitterten, wenn sie an ihre Strenge und ihre scharfen Erwiderungen zurückdachte.

Ihr eigener Körper warf ihr all das vor, was ihm in ihrer anderen Jugend aufgezwungen worden war, und eine seltsame Leidenschaft bemächtigte sich ihrer und verwandelte die Erinnerung an ihre Schwestern in etwas, das zuweilen jenem Haß der Unterdrückten gleichkam, die sich der Drangsal erinnern, wenn sie der Fülle gewichen ist.

Doch jetzt war sie frei. Sie dehnte sich, sie sang, sie saß lange Stunden träumend, die Ellenbogen aufs

Fensterbrett gestützt, und schaute in den Garten hinaus. Sie lächelte, als ihr der alte Brauch der Serenade in den Sinn kam, und fragte sich, wann sie sie wohl selbst kennenlernen würde.

Daß sie dreiundfünfzig war, bereitete ihr niemals Sorge. Es kam ihr nicht einmal in den Sinn. Sie war schon vor langer Zeit, als Zwanzigjährige, dreiundfünfzig gewesen, und jetzt war sie zwanzig mit dreiundfünfzig, das war alles – das war die Entschädigung, und wenn sie ihr mittleres Alter in der Jugend durchlebt hatte, dann konnte sie ihre Jugend auch im mittleren Alter durchleben.

Manchmal dachte sie, wieviel schöner die Natur doch in ihren Betrügereien war als in ihren Heilmitteln.

Diejenigen, die sie umschwebten, boten ihr, ein ums andere Mal, die Ehe an oder wollten sie nach Italien oder Spanien mitnehmen, sie mit Geld und Verehrung überhäufen, und anfangs hatten sie mit ihren Beteuerungen nahezu offene Türen bei ihr eingerannt, weil diese Beteuerungen an sich so neu und so beglückend waren.

Doch dessen ungeachtet war sie irgendwo hinter all ihrer Jugendlichkeit alt genug, zu wissen, daß sie nicht liebte, wie sie lieben wollte, und so wartete sie mit einer Geduld, die ihr durch die unablässigen Aufmerksamkeiten der vielen versüßt wurde.

Und dann war Petkoff, »der Russe«, in Begleitung eines der Studenten gekommen.

Eine schwere Pelzmütze senkte sich bis fast über

seine zwinkernden, durchdringenden Augen. Er trug ein Gemisch von Kleidern, das ihn auf Anhieb zugleich als Ausländer wie als armen Mann erkennen ließ. Sein kleiner Schnauzbart bedeckte kaum eben empfindsame, wohlgeformte Lippen, und die gerade Haarsträhne, die ihm zu beiden Seiten seiner enganliegenden Ohren hinabwuchs, erweckte den Eindruck, als gehöre er in eine andere Zeit, so als habe auch er, ungeachtet seines geringen Alters, in der Zeit gelebt, als sie ein Mädchen war. Er konnte nicht viel über dreißig sein, vielleicht war er gerade eben dreißig – er sagte wenig, wandte den Blick jedoch niemals vom Gegenstand seines Interesses.

Er sprach aber nicht schlecht und fiel dabei gelegentlich ins Russische, was sehr pikant war. Mit seinem unbeirrbaren Blick schlug er alle anderen Bewerber aus dem Feld. Er ignorierte die restliche Gesellschaft so gründlich, daß man ihm wenigstens keine Grobheit nachsagen konnte. Wenn einer die bloße Gegenwart seiner Mitmenschen nicht zur Kenntnis nimmt, kann er allenfalls als »seltsam« gelten.

Petkoff war gleichzeitig ein ehrgeiziger und ein selbstbezogener Mensch – in allem war er entschieden und kannte kein zögerndes Versteckspiel, es sei denn, es bedurfte eines solchen, um zum erwünschten Ergebnis zu kommen. Er wirkte anziehend auf Madame Boliver, weil er genauso seltsam war wie sie, ihre Jugend war etwas Fremdes, und das war auch Petkoff.

Er war in dieses Land gekommen um einer vielversprechenden Unternehmung willen; er hatte sich also fürs erste als Mensch und in Herzensdingen in acht zu nehmen.

Was er in bezug auf Madame Boliver empfand, war zunächst Erstaunen darüber, daß eine solche Frau noch unverheiratet war; er wußte nichts über ihre Vergangenheit und schätzte sie als wesentlich jünger ein, als sie in Wirklichkeit war. Nach einer Weile wich sein Erstaunen dann dem Vergnügen und schließlich wirklicher, aufrichtiger Liebe.

Er begann, ihr den Hof zu machen, vernachläßigte infolgedessen seine Geschäfte ein wenig und machte sich diesbezüglich Sorgen, blieb aber dennoch hartnäckig.

Er erkannte sehr wohl, daß sie ihrerseits eine tiefe Neigung für ihn zu fassen begann. Stundenlang lief er im Park umher und ließ sich die Affäre gründlich durch den Kopf gehen. Für und Wider gleichermaßen.

Das brachte ihm jedoch nichts ein, außer zunehmender Ungeduld. Er neigte zu eindeutigen Schritten und konnte sich nicht entschließen, zu gehen oder zu bleiben. Im Grunde konnte es für sein Geschäft überhaupt nichts Schlimmeres geben als diese anhaltende fiebrige Unentschlossenheit. Er kam zum Entschluß.

Madame Boliver war selig. Sie begann, sich von ihrem geselligen Leben zurückzuziehen und verwandte statt dessen fast ihre ganze Energie auf die

Anbetung ihrer ersten wirklichen Liebe. Sie erhörte ihn auf der Stelle mit einer Spur ihrer einstigen messerscharfen Entschiedenheit und grenzenlosen Freimütigkeit. Er erklärte ihr, sie nehme ihn ja wie ein Stück Kuchen bei einer Teegesellschaft, und sie lachten beide.

Das war im Winter. Madame Boliver war fünfundfünfzig – er fragte sie nie, wie alt sie sei, und ihr kam es nie in den Sinn, es ihm zu erzählen. Sie setzten ihren Hochzeitstermin auf Anfang Juni nächsten Jahres fest. Sie waren ungeheuer glücklich. Einer nach dem anderen zogen die feurigeren unter den anderen jüngeren Bewunderern sich zurück, doch nur langsam; sie wandten im Gehen ein wenig den Kopf, da sie gleichzeitig zu eitel und zu skeptisch waren, um zu glauben, daß so etwas von Dauer sein könne.

Sie gab immer noch Empfänge, und immer noch waren ihre Zimmer voller Menschen, doch wenn Petkoff eintrat, ein wenig besser gekleidet, aber immer noch ein wenig gleichgültig der Schar der anderen gegenüber, legte ihre ausgelassene Heiterkeit sich schlagartig, und sie sprachen von den neuen Romanen und dem neuesten Trend in der Kunst.

Petkoff hatte in dem Maße von ihnen Notiz genommen, wie es einem Mann geziemt, der weiß, was er erobert hat und von wem und wie vielen. Er blickte sie beiläufig an, doch mit einer Spur von Wohlgefühl.

Madame Boliver wurde schöner, strahlender, graziöser. Ihre Bewegungen begannen fließendem Wasser zu ähneln. Sie war fast zu glücklich, zu geschmeidig, sich ihres Wohlbefindens allzusehr bewußt. Sie wurde arrogant, blieb dabei aber immer noch die strahlende Schönheit; sie wurde eitel, blieb jedoch immer noch anmutig; sie wurde sich selbst zur Gewohnheit, blieb jedoch immer noch nachdenklich. Man könnte sagen, sie war in einem allzu günstigen Alter aufgeblüht; sie war alt genug, um es zu würdigen, und das ist etwas Gefährliches.

Sie brachte Stunden beim Friseur und beim Schneider zu. Ihr Toilettentisch glich einem Schlachtfeld. Hier fand sich das gesamte Waffenarsenal, um das Alter auf Distanz zu halten. Sie fuhr in einer offenen Kutsche die Allee entlang und lächelte, wenn sie ihren Namen und ihr Foto auf der Seite mit den Gesellschaftsnachrichten fand.

Schließlich hatte man den Eindruck, sie sei zwar schön, sich dessen jedoch zu bewußt; talentiert, doch zu eitel; gewandt im Auftreten, doch dessen allzu sicher; eigenartig und ausgefallen und wundervoll, doch ein wenig zu eigenartig, ein wenig zu ausgefallen, ein wenig zu wundervoll. Sie wurde nach außen hin ungeheuer komplex, doch im Innern bewahrte Madame Boliver immer noch ihre Ehrlichkeit, ihre Offenheit und ihre Schlichtheit.

Und dann mußte Madame Boliver sich eines Tages hinlegen. Es begann mit Kopfschmerzen und endete mit starken Schüttelfrösten. Sie hoffte, am nächsten Tag wieder aufstehen zu können, und lag dann eine Woche im Bett. Sie verschob ihre Gesellschaft, weil sie annahm, bald wieder auf den Beinen zu sein, statt dessen hielt sie sie in einem Sessel sitzend ab, von Kissen gestützt.

Petkoff war besorgt und verdrossen. Er hatte Madame Boliver eine Menge Zeit geschenkt, und er hatte auf eine selbstsüchtige, alles umfassende Weise viel für sie übrig. Als sie nicht mehr aufstand, zerbrach er einen venezianischen Becher, indem er ihn in den Kamin warf. Als sie darüber lachte, brach er plötzlich in sehr heftiges Weinen aus. Sie versuchte, ihn zu trösten, doch er wollte sich nicht trösten lassen. Sie versprach ihm, daß sie bald wieder auf den Beinen sein werde, wie eine Mutter einem Kind einen lang ersehnten Gegenstand verspricht. Als sie sagte: »Bald geht es mir wieder gut, Lieber, schließlich bin ich doch eine junge Frau«, hörte er auf und schaute sie durch einen Film schmerzlicher Tränen an.

»Aber bist du das denn wirklich?« fragte er und ließ zum erstenmal seine heimliche Befürchtung laut werden.

Und in diesem Augenblick dämmerte ihr das Grauenhafte der Situation. Der Jugend, wenn die Jugend kommt, wie es ziemlich ist, wohnt das Greisenalter inne, das ihren Verlust verschmerzen kann, doch wenn sie kommt, wenn jemand schon alt ist, fehlt ihm die Zeit, ihren Verlust mitanzuschauen.

Sie setzte sich auf und starrte ihn an.

»Ja, nun«, sagte sie trocken und bestimmt, »so ist das nun mal. Ich bin nicht mehr jung an Jahren.«

Sie konnte nicht sagen »nicht mehr jung«, weil sie jung war.

»Es kommt ja auch nicht darauf an.«

»Oh«, sagte sie, »dir wird es nicht darauf ankommen, uns hingegen schon.«

Sie legte sich zurück und seufzte, und kurz darauf bat sie ihn, sie ein Weilchen allein zu lassen.

Als er fort war, rief sie den Arzt.

Sie sagte: »Mein Freund – sterbe ich schon – so bald?«

Er schüttelte nachdrücklich den Kopf. »Natürlich nicht«, versicherte er ihr, »in einer Woche etwa haben wir Sie wieder auf den Beinen.«

»Was hält mich denn dann im Bett fest?«

»Sie haben sich überanstrengt, weiter nichts. Wissen Sie, ein so ausgedehntes gesellschaftliches Leben, liebe Madame, das nimmt noch die Jüngsten mit.« Er schüttelte bei diesen Worten den Kopf und zwirbelte seinen Schnauzbart. Sie schickte ihn ebenfalls weg.

Die nächsten Tage waren glücklich. Sie fühlte sich besser. Sie saß ohne Anstrengung im Bett. Sie genoß Petkoffs liebevolle Aufmerksamkeit, die er ihr mit frischem Eifer zuteil werden ließ. Er hatte Angst gehabt, und er verschwendete mehr übertriebenes Lob und mehr bestrickende Worte auf sie als je zuvor. Er war wie ein Mann, der, als er sein Vermögen schwinden sah, erkannt hatte, wie teuer es ihm doch war und wie unentbehrlich, als es zu ihm zurückkehrte. Dadurch, daß er sie fast verloren hatte, wußte er einzuschätzen, was er empfunden hätte, hätte er sie wirklich verloren.

Es wurde zu einem Scherz zwischen ihnen, daß sie überhaupt irgendwelche Befürchtungen gehegt hatten. Im Klub schlug er seinen Freunden auf den Rücken und rief:

»Gentlemen, eine schöne, junge Frau.« Und dann erwiderten sie gewöhnlich den Schlag und riefen: »Glückspilz!«

Sie bestellte einen großen Wein- und Kuchenvorrat für die Hochzeitsfeier, kaufte ein paar neue venezianische Gläser und genehmigte sich ein paar neue kostbare alte Teppiche für den Fußboden. Sie liebäugelte außerdem ziemlich mit einem neuen Kleid, das für eine bemerkenswert niedrige Summe angeboten wurde, doch sie begann sich zu zügeln, denn sie hatte es eigentlich doch arg übertrieben.

Und eines Tages starb sie.

Petkoff kam in einer aufgewühlten, seltsamen Stimmung. Vier Kerzen brannten zu Kopf und Füßen, und Madame Boliver war schöner denn je. Stampfend, so daß er mit jedem Schritt kleine Staubspiralen vom neuerworbenen Teppich emporsandte, schritt Petkoff neben der Bahre auf und ab. Er beugte sich vor und zündete sich an einer der flackernden Kerzenflammen eine Zigarette an. Madame Bolivers ältliche Schwester, die neben der Toten kniete, hüstelte und blickte vorwurfsvoll in Petkoffs Gesicht hinauf, der einmal mehr jeden und alles vergessen hatte. »Verdammt!« sagte er und schob die Finger in die Weste.

Manuela Reichart

Der kurze Augenblick der Euphorie

Sie klagt über die trockenen Stellen auf der Stirn, erzählt von der Pergamenthaut ihrer Mutter, als die Hautärztin fragt, ob sie denn sonst mit ihrem Gesicht zufrieden sei. Sie hört ›Gedicht‹. Denkt: Wieso Gedicht? Sitzt ihr Sohn in meinem Seminar?

Erst bei der Wiederholung versteht sie. »Stören Sie Ihre Falten nicht?« Kann man in ihrem Alter mit seinem Gesicht zufrieden sein? Die Ärztin lächelt. Sie erklärt, was man dagegen tun kann: Faltenunterspritzung. »Nein, kein Collagen. Heute gibt es bessere Materialien. Viscoelastisches Gel. Baut sich mit der Zeit wieder ab. Keine Spuren. Keine Nebenwirkungen. Eine harmlose kosmetische Sache: ein paar Jahre weniger mit sich herumtragen.«

Die Falten um die Mundwinkel. Vielleicht auch die zwischen den Augenbrauen? Über der Nasenwurzel. Das gäbe erfahrungsgemäß ein hervorragendes Resultat.

In der letzten Seminarsitzung verglichen die Studenten ihre Geburtsjahre, keiner war älter als fünfundzwanzig. Sie saß lächelnd dabei, überflutet von unausweichlichen Altersgefühlen. Vor dreißig Jahren schwärmte sie mit den Freundinnen von der Schönheit des Alters. Das faltige Gesicht, das welke Fleisch einer alten Frau: Hannah machte damals Photos für diese idiotische Ausstellung. Wie hieß der Titel? Frauenweisheit? Frauenschönchen? Sie muß die Freundin fragen, ob sie sich erinnert. Hannah, damals war sie so lebendig und schön, dicke schwarze Locken, bunte Kleider, nichts konnte ihr etwas anhaben. Andauernd schloß sie endgültig mit den Männern ab. Verausgabte sich in ihren Liebesgeschichten. Ihre Vorliebe für schlechte, männlich aussehende Schauspieler. Wie erschöpft sie neulich aussah, wie alt: die vielen Falten, die das Gesicht durchziehen. Ernsthaft hatten sie darüber geredet, ob und in welcher Zeitung sie eine Anzeige aufgeben sollte, um einen Mann zu finden. »Wo soll ich sonst einem begegnen, der in Frage kommt. Ich gehe nicht in Kneipen, die Männer, mit denen ich beruflich zu tun habe, sind ganz und gar indiskutabel: verheiratet und blöd oder frei und langweilig. Eine Anzeige! Überall, aber nicht in der ZEIT. Ich bitte dich, keinen ZEIT-Leser. Das halte ich nicht aus.«

Die Hautärztin hält einen Vortrag. Ein Verkaufsgespräch. Der Termin? Sie hat morgen zu arbeiten. Kein Problem. Unerhebliche Schwellung, die Einstichstellen sind unsichtbar …

Sie mag die Studenten dieses Semesters, nein, in Wahrheit denkt sie an den einen. Er ist so hübsch, seine Augen strahlen. Der aufmerksame Ernst, mit dem er neulich in ihrer Sprechstunde saß. Sie erfährt das Klischee am eigenen Leib? Ältere Frau verguckt sich in jungen Mann. Deutet seinen Blick als Begehren, dabei bewundert er die Lehrerin. Andererseits: Warum dürfen nur die dickbäuchigen Kollegen erotisch anziehend wirken auf Studentinnen? Gilt die Erotik der Macht nur für sie?

Soll sie sich einen Termin bei der Sprechstundenhilfe geben lassen? »Warum bleiben Sie nicht jetzt gleich hier? Haben Sie Zeit? Wir können das sofort in Angriff nehmen? Eine Stunde, maximal ...«

Das letzte Abendessen mit ihrem geschiedenen Mann. Sie trafen sich, um die finanzielle Lage des Sohnes zu besprechen: Wie lange zahlen wir noch? Wie viele Ausbildungen will er noch anfangen? ... Aber er hat gemerkt, daß die Bühnenbildnerei nichts für ihn ist ... Und wie lange soll dieses überflüssige Studium der freien Malerei dauern ... Wieso überflüssig? ... Weißt du, wie alt er ist? ... Er verdient ja dazu ...

Hin und Her, das alte Rollenspiel. Sie ist die Gefühlsfrau, er der Vernunftmann. Früher hatten sie die Rollen manchmal noch tauschen können, heute sitzen sie einander wie in Beton gegossen gegenüber. Sie einigen sich. Noch drei Jahre. Dann ist Schluß. Ein endgültiges Ultimatum: Mit dreißig Jahren wird er dann doch wohl selber für sich aufkommen können ... Soll er Taxi fahren? ... Warum nicht? ... Der Traum vom großen Künstlertum muß irgendwann auffliegen, das versichere ich dir ... Oder sich erfüllen! … Sich erfüllen: Das glaubst nur du … Sie hatte sich schon gewappnet gegen die alten Vorwürfe, sie sei schuld am Werdegang, sie mit ihren künstlerischen Illusionen und Neigungen, da einen Malkurs, hier das lächerliche Einrahmen jeder mittelmäßigen kindlichen Zeichnung. Er hat das immer schon idiotisch gefunden. Ihre Freundin, die den halbwüchsigen Knaben mit ans Theater nahm. Eine Statistenrolle in der Inszenierung des großen N. Das war doch der Anfang. Sie kennt jeden Satz in diesem Dialog.

Bei jeder ihrer seltenen Begegnung schaut sie in sein vertrautes Gesicht, sucht nach Spuren neuer Fremdheit. Das war also einmal der Mann meines Lebens, alt ist er geworden. Nächsten Monat wird er fünfundsechzig. Plötzlich holt er Photos aus der Tasche. Die ersten Aufnahmen seiner Tochter. »Ist sie nicht entzückend?« Wie konnte sie das vergessen? Das letzte Telefonat liegt ein halbes Jahr zurück, da hatte er es erwähnt: Schwangerschaft der Freundin. Ihr war das lächerlich vorgekommen. Albern und irreal.

»Die Geburt, kann ich dir sagen, kein Honigschlecken. Zehn Stunden waren wir in der Klinik.« Ob er ihre Erstarrung bemerkt? Früher hatte er manchmal ›Eisblick‹ gerufen: »Hilfe, ich erfriere.« Fünfundsechzig und ein neugeborenes Kind. Wie alt ist die Kindsmutter? Genauso alt, nein, zwei Jahre jünger als ihre Tochter. Seit einem Jahr ist er schon Großvater. Der Stolz auf das frische Baby. Lächerlich, daß ihr gerade jetzt einfällt, wie sie sich vor zehn Jahren zum letzten Mal liebten. Es war ein Akt wehmütiger Reminiszenz: Wenn er nun doch der Richtige, der Einzige gewesen wäre … So etwas ging ihr damals durch den Kopf … Er war so zugewandt, charmant, intelligent, sie unterhielten sich über alte Zeiten, er sprach von seinen, nicht von ihren Fehlern; gebannt fühlte sie sich geborgen in dieser plötzlich einsetzenden alten Vertrautheit. Mitten in der Nacht mußte er dann gehen. Kuß auf die Wange, wir sehen uns, ich ruf dich an. Für sein ›Es war schön‹ hätte sie ihn prügeln können. Er lebte da doch noch mit der anderen, der glupschäugigen Person, leichter Basedow … Die war auch schon jünger als er, aber nicht so viel …

Männer und Frauen sind gleich? Ein Unsinn aus alten Tagen. Sie saß dem Mann gegenüber, der einmal das Leben mit ihr geteilt hatte, der nicht aufgestanden war, als ihr erstes Baby in der Nacht schrie und auch nicht beim zweiten. »Ich bin Trinker, ich werde einfach nicht wach … Außerdem muß ich morgen früh raus … Und ich? Du auch. Aber Frauen können das besser.« Wie viele Streitereien hatte es darum gegeben. Sie verlor jede. Nun schwärmte er von dem Gefühl, das Kind ganz eng bei sich zu haben, alles gemeinsam zu machen. »Auch wenn ich nicht stillen kann …« Sie hätte gerne die Photos zerrissen und in seine Bayrische Creme gerührt. Aber: Was ging sie das noch an? Sein Leben. Ihr Leben. Sie hatten nichts mehr gemein. Schon so lange nicht. Ob er in zehn Jahren noch die Kindsmutter im Bett hat … »Die Betäubungsspritze. Jetzt müssen wir ein bißchen warten. Vereisung. Das taube Gefühl wird sich gleich einstellen. Ich zeige Ihnen noch mal, wo ich spritzen werde: hier an den Mundwinkeln. Und hier über der Nasenwurzel. Die Stirnfalten können wir nächstes Mal angehen.« Im Vergrößerungsspiegel kommt ihr das Gesicht besonders häßlich und müde vor. Wozu das alles? Ihr Freund – wie das klingt in ihrem Alter, aber sie bringt es nicht über sich, zu sagen ›mein Mann‹. Er ist es einfach nicht. Es gab zwei Männer in ihrem Leben, die sie wirklich liebte, die das besitzanzeigende Wort verdienten. Ihr langjähriger Begleiter. Das klingt nicht schlecht. Ruhig, zuverlässig, von Zeit zu Zeit im selben Bett einschlafen und aufwachen. Sie haben sich die Zuneigung bewahrt. Natürlich gibt es keine große Leidenschaft mehr. Hat es in Wahrheit nie gegeben. Das ist vielleicht sowieso die bessere Voraussetzung für lang dauernde Bündnisse zwischen Frau und Mann. Er findet sie immer noch schön. Er sagt, sie gehöre zu den Frauen, die mit den Jahren immer besser aussehen. Er ist charmant. »Du kannst dich nicht beklagen.« Hannah hatte von Neid gesprochen und wie gut sie es habe, daß sie das gar nicht verdiene. Sie hat einen guten Mann an ihrer Seite. Keine Affären, keine Lügen. Er liebt sie. Aber sie kennt seine Vorliebe für Frauen mit vollem, langem Haar. Ihres ist dünn geworden. Er weiß das, auch wenn sie es inzwischen hochgesteckt trägt.

»Jetzt müssen Sie sich noch einen Augenblick gedulden. Wenn das taube Gefühl da ist, kann es losgehen. Entspannen Sie sich. Möchten Sie einen Kaffee?«

Sie trinkt keinen Kaffee. Niemals. Der Scherz damals mit O.: Es gibt Menschen, die trinken Kaffee, und andere, die trinken Tee. Mehr gibt es dazu nicht zu sagen. Sie trank Tee, er trank Kaffee. Wie lange ist das her? Die Szene am Münchner Flughafen. Am nächsten Tag wollte sie nach Sizilien fliegen. Sie brauchte Abstand, Ruhe. Nach nächtelangen Gesprächen zu Hause hatte sie sich die Reise ertrotzt. Sie konnte sich nicht von ihrem Mann trennen, sich nicht entscheiden. O. war trotzdem gekommen. Obwohl er gedroht hatte, sie nie wiederzusehen. Er stand da. Sie sieht ihn vor sich, über das Geländer gebeugt, die Hände verschränkt, der traurige Blick. Sie wollten im Hofgarten essen, zum Abschied – hatte er gesagt. Dann standen sie in ihrem Hotelzimmer, sie hatte ihn gedrängt, mitzukommen, nicht im Foyer auf sie zu warten. Sie küsste, umarmte den Mann, der versuchte, sie mit ausgestreckten Armen von sich fernzuhalten. Ein fremder Raum, das große Bett. Seine spöttische Frage: Willst du erst mit mir reden oder erst mit mir schlafen? Nein, nicht reden. In dieser Nacht stand sie immer wieder auf, duschte kalt, wollte wach bleiben in seiner Nähe. Sie wußte, es würde das letzte Mal sein. Und es war das letzte Mal, auch wenn sie danach noch ein paarmal miteinander schliefen.

»Alles in Ordnung? Fühlen Sie noch etwas?« Sie kneift sie in die Haut wie damals die Urgroßmutter das kleine Mädchen befühlte, das man ihr auf den Schoß setzte. Was sollte sie mit dem kleinen, zappligen Kind anfangen. Die Greisin mit den eingefallenen Wangen und dem langen weißen Haar. Den größten Schrecken bereiteten dem Kind die falschen Zähne im Wasserglas.

»Ein paar Minuten noch. Wollen Sie wirklich nichts? Keine Zeitschrift?« Nein, keine Zeitschrift.

Zum ersten Mal hat sie einen Studenten zum Kaffee eingeladen. Er wollte mit ihr über seine Magisterarbeit sprechen, über Wilhelm Raabe. Er ist der einzige, den sie begeistern konnte. »Holunderblüte« – seine Lieblingsgeschichte: das junge Mädchen mit dem Herzfehler, in das sich der Student verliebt, heimliche Begegnungen, bis die Eltern es merken und verbieten. Sie liebt ihn, er vergißt sie. Als alter Mann kommt er zurück, sucht ihr Grab und erinnert sich. Das war die Liebe des Lebens. Sie war an einem zu großen Herzen gestorben.

Die Spritzen tun weh. Wer schön sein will, muß leiden, der Lieblingsspruch ihrer Großmutter, der nur für sie galt, die schrie und tobte, wenn man ihr die langen Haaren kämmte. Für den Bruder gab es einen anderen: Ein Indianer kennt keinen Schmerz.

»Gleich vorbei.«

Ihr Lieblingsstudent. Er ist begabt, begabter und ernsthafter als die anderen. Ist sie in ihn verliebt? Oder möchte sie verliebt sein? Noch einmal die Aufregung, noch einmal das Herzklopfen: Kommt er oder kommt er nicht? Wie alt muß man werden, um sich aus dieser Arena zu verabschieden. Damals, als sie die alte Dichterin befragte: Wie haben Sie gelebt, wann haben Sie geschrieben, was war mit den Männern und mit dem Geld, und wann sind Sie emigriert? Der Satz, der sie damals beeindruckte: »Wissen Sie, das Schöne an meinem Alter ist, daß Sexlife keine Rolle mehr spielt. Wenn ich heute einen Mann treffe, egal wie alt er ist, geht es einzig um die Begegnung zweier Menschen und die Frage, haben wir uns etwas zu sagen, ist er sympathisch, hat er mir etwas Interessantes zu erzählen, oder ist er langweilig? Nichts anderes zählt mehr. Zwei Menschen treffen sich und prüfen, ob sie das wiederholen wollen. Nicht mehr das alte Spiel zwischen Frau und Mann: Wie findet er mich, kommt er in Frage, was will er mir ›eigentlich‹ sagen und was ich ihm? Keine Sätze mehr, die hinter Sätzen stehen.«

War dieser Besuch vor oder nach ihrem Winter auf Ibiza? Ihr Mann hatte sich in eine andere Frau verliebt. Hatte sie die Schlaftabletten wirklich mitgenommen? Oder sich das nur vorgenommen? Sie wollte sich umbringen. Sie kam verzweifelt an mit ihren schweren Koffern. Die Schlußkapitel ihrer Promotion wollte sie schreiben. Es ihm noch einmal beweisen. Sie brachte sich nicht um, sondern verschrieb sich den schwarzgelockten Musiker als Selbstmedikation. Seine Freundin hatte ihm gerade den Laufpaß gegeben. Er wollte über sein Leben nachdenken, darüber, ob er freier Künstler werden oder in den sicheren Schuldienst gehen sollte. Sie erinnert sich, wie er ihr einen langen ersten Abend lang erklärte, daß er keine Affäre wolle und nach Hause müsse. Und daß er dann doch nicht in sein Zimmer drei Häuser weiter ging, sondern bei ihr blieb. Er war hinreißend, zwei Monate blieben sie zusammen, sie war unglaublich produktiv, schwamm jeden Morgen dreißig Minuten, schrieb an ihrer Arbeit und teilte mit ihm das Bett.

»Ist es so schmerzhaft? Warten Sie erst mal das Ergebnis ab. Sie werden begeistert sein. Nicht zukken bitte. Soll ich eine Pause machen? Gleich haben wir auch diese Seite geschafft.«

Er gehört zu der Generation mit den aparten Namen: Elias. »Ihre Stimme erinnert mich an die meiner Patentante.« Ist das ein Kompliment? Bewundert er seine Patentante? Ist sie attraktiv? Nach dem Cafébesuch küßte er sie auf die Wange. Sie war beglückt wie ein junges Mädchen. Lächerlich. Andauernd wird geküßt, links und rechts, Luftküsse statt Händeschütteln. Sie hoffte, er würde anrufen. Noch einmal das alte Spiel spielen. Er rief nicht an. Sie schlief gut. Keine wirkliche Erregung, nur ein wenig Phantasie, wie durch einen Weichzeichner sein muskulöser Körper kurz vorm Einschlafen: Was wäre, wenn … Wenn. Dann.

Über der Nase schmerzt es heftig. Wem erzählt sie von dieser Prozedur? Hannah wird sie für übergeschnappt halten: »Solange mir dickbäuchige Tränensackmänner selbstbewußt unter die Augen treten, weil sie sich für unwiderstehlich halten, laß ich keinen Schönheitschirurgen an mich ran. Sollen die doch erst mal.« Ist kein Messer, sind nur Spritzen. Alles löst sich wieder auf, zurück zum alten Faltenstand: in einem Jahr oder einem halben. »Das hängt ganz von der Absorbtionsgeschwindigkeit Ihres Gewebes ab … Jetzt haben wir es geschafft. Ist noch ein wenig geschwollen. Hier der Spiegel … Ich würde sagen, wenn alles zur Zufriedenheit ist, kommen Sie in einer Woche noch mal vorbei, da sehe ich dann, ob wir nachspritzen müssen.«

Darf es ein bißchen mehr sein? Nein, nehmen Sie doch bitte zwei Scheiben runter. Die eine Falte soll ein klein wenig tiefer sein, das macht das Gesicht interessanter. Oder: Ja, gerne, lassen Sie nur drauf. Die Kasse ist da vorne.

Elias: der mit Feuer und Schwert. Paßt überhaupt nicht zu ihm. Wahrscheinlich sieht er in ihr die interessante ältere Frau, ohne Sexlife. Seine Begeisterung neulich für diesen schwachsinnigen Roman. Wie kriegt er das zusammen: Raabe und diesen Unsinn. Sie hätte genausogut von ihm die Entscheidung zwischen Brief und Handy verlangen können. Natürlich schreibt man noch Briefe, wunderbare Möglichkeit, aber was wäre das Leben ohne SMS.

Er könnte ihr Sohn sein. Er hat eine Freundin, die in Frankreich studiert.

»Wir akzeptieren jede Kreditkarte. Bar ist uns natürlich am liebsten.« Fünfhundert Euro. Daß sie nicht bei Trost ist, darüber besteht kein Zweifel. Sie kann das niemandem erzählen. Was mag eine Runderneuerung bis zu den Fußspitzen kosten? Man kann sich auch Haare einpflanzen lassen. Eine Frage des Geldbeutels und des Muts.

Sie setzt sich ins Café. Wenn schon Luxus, dann richtig. Der Satz von P. ist ihr im Gedächtnis geblieben. Er kam ins Kinderzimmer, als sie gerade über die Unordnung schimpfte, in diesem Chaos könne doch kein Mensch anständig spielen. Er sah sie an, dann das Kind: »Genau, wenn schon spielen, dann richtig.«

Eine heiße Schokolade. Hat der Kellner seltsam geschaut? Sieht sie komisch aus? Warum eigentlich nicht noch einmal anfangen? Warum nicht achtundzwanzig Jahre Unterschied. Was seine Eltern wohl sagen würden? Meine Freundin ist älter als meine Mutter. Aber es gibt inzwischen viele Frauen mit jungen Männern: Schauspielerinnen, Sängerinnen. Das ist nicht mehr ungewöhnlich. Die Tagesschausprecherin.

Der Film mit Rock Hudson und Jane Wyman. Sie spielt die Witwe, die sich in einen jüngeren Mann verliebt. Alle glauben, sie sei verhext oder nicht bei Trost. Sie hat vergessen, wie der Film ausgeht. Bleiben sie zusammen? Ihre erwachsenen Kinder sind dagegen.

Der entscheidende Blick in den Spiegel: Gut erhaltene Mitfünfzigerin, geschmackvoll gekleidet, holt ihre Puderdose aus der Tasche.

Ein Traum vom Leben in einem Augenblick. Das Lächeln mit den frisch gehobenen Mundwinkeln im Spiegel. Ein Gesicht ohne Melancholie, statt dessen sieht man jugendlichen Optimismus. Sich nicht vorstellen können, was Mundwinkel ausmachen. Das Gefühl, eine Fremde zu sein. Das kurze, erschöpfte Einnicken auf diesem Caféhausstuhl in der ersten warmen Frühlingssonne. Wie eine alte Frau. Mit jungen Mundwinkeln. Es können nicht mehr als ein paar Sekunden gewesen sein. Beim Aufwachen nicht wissen, wer und wo sie ist. Für ein paar Sekunden sich nicht an den eigenen Namen erinnern. Es überfällt sie kein Schrecken angesichts des Nichterinnerns. Nur ein Gefühl von Glück. Ein euphorischer Augenblick: Sie denkt, sie könnte vielleicht eine andere sein.

Es dauert nicht mehr als ein paar Sekunden. Das Paradies des Vergessens. Dann ist sie wieder bei sich. Mit oder ohne Falten. Das macht keinen Unterschied.

Keto von Waberer

Ein ferner Geigenton …

Thea nahm die Straßenbahn zum Park. Es trieb sie hinaus, wie sie es nannte. Ein lauer Morgen, gerade richtig für den neuen perlgrauen Übergangsmantel.

Früh schon hatte die Amsel im Hof gesungen. Sie lag da und gab sich in der Dämmerung jener seltsamen Unruhe hin, die in ihrem Alter, leider immer, mit vagen Gelenkschmerzen einherging. Ein sonniger Tag stand ihr bevor. Sie würde den Hut tragen, mit dem blauen Band, und helle Schuhe. Der Frühling ist da, sagte sie sich, und während sie sich die Füße wusch, dachte sie an Rollschuhlaufen als Kind und das Gefühl von Röcken, die einem angenehm um die Beine schlagen, weil man zum ersten Mal Kniestrümpfe anziehen darf.

Als Kind ist der Frühling wie ein bunt verpacktes Paket, das man aufschnürt, um Überraschungen darin zu finden. Nun war sie alt und mußte verschnaufen, nachdem sie sich ächzend die Nägel geschnitten hatte, an den großen Zehen. Das hatte früher Bruno, ihr Mann, für sie erledigt, und gerne, denn es gab ihm Gelegenheit, ihre schönen Beine zu streicheln. Jedenfalls hatte er das behauptet. Die Frau, mit der er sich davonmachte, hatte keine Beine, jedenfalls konnte man diese beiden konturlosen Stelzen nicht als Beine bezeichnen.

Thea stieg in die Straßenbahn, setzte sich ans Fenster und wartete ungeduldig auf das erste helle Grün der Bäume zwischen den Häusern. Da war sie wieder, diese sehnsüchtige Unruhe. Der Tag, der gerade begonnen hatte, hielt etwas für sie bereit.

Thea wußte wohl, in welche Reviere der Park eingeteilt war: Da gab es die Haselgehölze um den Bach, in denen sich die Liebespaare ergingen, die großen, flachen Wasserbecken für die Familien mit Kindern und Hunden, die Bänke in der Sonne, von denen aus die eingemummten Alten dem Treiben zusahen.

Der kleine, freche Wind versuchte ihr den Hut vom Kopf zu heben, als sie etwas atemlos vorbeischritt. Sie war noch gut zu Fuß – wenigstens an den meisten Tagen.

Den Weiher hatte sie für sich entdeckt. Es waren ihr Schilf, ihre Schwäne und ihre Marmorbank, die auf sie warteten. Theas Revier war etwas abgelegen und spärlich bevölkert von Leuten, die Thea insgeheim als ›bessere Leute‹ bezeichnete. Man kam in stiller Übereinkunft zu diesem Weiher, das hatte sie schon immer so empfunden. Man liebte die Abgeschiedenheit. Thea hatte schon einige Bekanntschaften gemacht, an diesem geheimen heiligen Ort, wie sie ihn bei sich nannte. Männerbekanntschaften natürlich. Frauen kannte man wirklich schon genug.

Ein Herr saß auf ihrer Bank. Das Lichtflimmern der Wasserfläche verwischte seine Umrisse. Thea sah sonst noch recht gut. Sie näherte sich zögernd, um ihn in Augenschein zu nehmen. Er hatte, das bemerkte Thea sogleich, das, was man einen ›guten Kopf‹ nennt: Profil mit deutlicher Nase, viel Stirn und vorspringendes Kinn, dazu dichte Haare, wie weißes Fell. Er sah nicht auf, als Thea sich zu ihm setzte, ans andere Ende der Bank.

Ihr war, als hätte sie ihn schon oft gesehen, aber nie gesprochen. Sie beäugte ihn vorsichtig. Vielleicht einer von diesen Sprechern aus dem Fernsehen, deren Gesichter einem so vertraut wurden, daß man sie schließlich für Bekannte hielt. Warum auch nicht?

Als er sich ihr zuwandte und sie in Augenschein nahm – ja, er nahm sie in Augenschein, bemerkte den Hut aus feinem Stroh, die Rosenquarzkette und die Beine, die Thea anmutig angewinkelt und dicht beieinander hielt – als er sich ihr zuwandte, erkannte sie ihn gleich. »Was für ein Tag«, sagte er und blinzelte zum See hinüber. Thea, vor Aufregung atemlos, schwieg. Er war es, der große Geiger, der immer in den Zeitungen war, dieser begnadete Musiker, den Intrigen aus Deutschland vertrieben hatten und der nun im Ausland lebte. Hier saß er, neben ihr, Thea, auf der Marmorbank. Ärgerlicherweise fiel Thea sein Name nicht ein, eine Geißel des Alters. Sie hatte angefangen, ihr Gedächtnis zu üben, indem sie Gedichte auswendig lernte und sich vor dem Einschlafen hersagte. Wie hieß er bloß? Er lächelte, und seine Hand, eine feinnervige Hand, man konnte es nicht anders sagen, natürlich, die Hand eines Musikers, diese Hand wischte über sein Gesicht, als wollte er eine Spinnwebe abstreifen. Er ist erschöpft und sucht hier Erholung, sagte sich Thea. Auf keinen Fall will so ein Mann belästigt werden, mit Fragen nach seiner Person.

»Ja, ein prächtiger Tag«, flüsterte sie und kreuzte die Beine. »Kommen Sie oft her?«

»Nein«, sagte er, und er sagte es mit so tiefer und bedeutsamer Stimme, daß ihr eine Gänsehaut über den Rücken lief. Thea machte sich nicht viel aus Musik, und ihre Kenntnis der Klassik beschränkte sich auf ein paar Platten, die sich irgendwie bei ihr eingefunden hatten. Sie legte sie manchmal auf, wenn ihre Freundinnen zum Tee kamen, um ihnen zu zeigen, daß sie, Thea, eine kultivierte Frau war. Nun aber schien es ihr angebracht, über Musik zu reden, und sie, die sich heimlich brüstete, jede Art von Konversation führen zu können, machte sich entschlossen daran.

»So ein Tag ist wie Musik«, sagte sie leise.

»Das ist wahr. «

»Ist das nicht wie Mozart?« Sie umfaßte mit einer weiten Geste den See, die Bäume und den Himmel darüber, blau wie ein Vogelei.

»Hm.«

»Ich liebe Mozart.«

»Die Natur erwacht«, sagte er, und wie schön er das sagte. Er schaute dabei hinauf in die Bäume. Er wollte nicht über Musik reden. Na gut.

Thea ließ von der Musik ab und wandte sich unverfänglicheren Themen zu. Sie schilderte ihren Kuraufenthalt in Ungarn, der große Geiger berichtete von seiner Bruchoperation. Ein Mensch wie du und ich, sagte sich Thea, als sie gemeinsam zur Straßenbahn gingen, obgleich es sie etwas stutzig machte, daß er Straßenbahn fuhr. Im geheimen hatte sie einen Wagen mit Chauffeur erwartet.

»Was für ein schöner Tag«, sagte er zum Abschied, als er nach vier Stationen ausstieg. Das galt ihr und ihrer Gegenwart, das wußte Thea. Sie hatte ihm wohlgetan.

Am nächsten Tag machte sich Thea zu einem Plattenladen auf und verbrachte den ganzen Vormittag damit, in der Abteilung »Geigenmusik« herumzustöbern. Sie fand zwei Platten mit Mahmut Posers Photo auf der Hülle. Ja, er war es, wenn auch viel jugendlicher und magerer als heute. Die Plattenauswahl war klein, vielleicht sollte sie sich einen CD-Player kaufen. In den Hüllen, die sein Photo trugen, steckten Bartók und Schostakowitsch. Beides keine Musiker, die ihr lagen. Sie kaufte trotzdem beide.

Auf den kommenden Sonntag bereitete sie sich gut vor. Las nach, was im Lexikon über die beiden Komponisten zu finden war, und übte für den Fall, daß es nicht zum musikalischen Austausch käme, ein Mörike-Gedicht ein. Schließlich war solch ein Mann gewiß für Lyrik aufgeschlossen, und mit Mörike lag man nie falsch.

Sie hatte es so erwartet, und wirklich, als sie um die Wegbiegung kam, sah sie ihn sitzen, am selben Platz.

Sie fühlte, wie sie lächerlicherweise errötete. Diesmal hatte sie sich vorgenommen, wenn auch aufs diskreteste und sanfteste, in ihn zu dringen, schon allein deshalb, weil alle Freundinnen, denen sie von ihm erzählte, ihr nicht hatten glauben wollen.

Er lächelte, als sie sich neben ihn setzte, und begann sofort ein Gespräch über die Schwierigkeiten bei der Paarung seines alten Boxerrüden mit einer unwilligen, aber edlen Hündin. »Sie läßt ihn nicht ran«, sagte er traurig, und Thea fühlte mit ihm. Es war nicht leicht, das Mörike-Gedicht einzubauen, aber Thea gelang es. Sie wollte ihm die Botschaft übermitteln, daß er es mit einer verwandten Seele zu tun habe und es nun wagen könne, seine Maske fallen zu lassen.

Er ließ Mörike und das flatternde blaue Band über sich ergehen und blickte auf seine Schuhspitzen. Er war ergriffen, das konnte Thea sehen, aber er sagte kein Wort.

»Ich weiß, was Sie fühlen«, sagte Thea leise. »Ein Künstler wie Sie muß sich schützen, ein Künstler wie Sie …«

Er ergriff ihre Hand und führte sie zum Mund. Erst jetzt bemerkte Thea, wie ausgefranst seine Manschetten waren, wie zerknüllt sein Jackett, wie seine Hose um die Knie beulte. Nichts als Musik im Kopf, dachte sie flüchtig und gab sich dann dem Genuß seiner Lippen auf ihrem Handrücken hin.

»Darf ich Sie heute nach Hause bringen?« stammelte er.

Thea zögerte. Das gehörte sich einfach so. Aber konnte man ihn mit diesem für gewöhnliche Männer gedachten Maßstab messen?

Auf dem Weg zur Straßenbahn sprachen sie kein Wort. Thea mußte für die Fahrkarten aufkommen, denn obgleich er seine Taschen beklopfte, fand der zerstreute Musiker keine Geldbörse. Sie tat es gerne, sie sah sich mit schulterfreiem Kleid in der ersten Reihe von Konzertsälen sitzen, sah ihn neben ihrem Teetisch stehen und geigen, während ihren Freundinnen die Tränen über die Wangen liefen. Gut, daß sie die Wohnung mit Blumen geschmückt hatte. Der große Geiger würde ihr Gast sein. Auch das Bett war frisch bezogen, man wußte ja nie …

Als er ihr in die Straßenbahn half, streichelte er ihre Wade und murmelte: »Schöne Beine.«

Ein Mann wie du und ich, das hatte sie von Anfang an gespürt.

Von Tee wollte er nichts wissen, auch nicht von Streuselkuchen, dabei hätte ihm Thea gerne ihr englisches Service vorgeführt. Er saß in ihrem Fernsehsessel und trank alle drei Bierflaschen leer, die sie im Hause hatte.

Es war nicht leicht, ihn zu einer Unterhaltung zu bringen, er wollte reden, das ja, aber er wollte nicht zuhören. Er machte Thea ganz hilflos mit seinen langen Monologen: Die Menschen hatten ihn enttäuscht, die Welt hatte ihn nie verstanden, die Politiker belogen ihn, Frauen waren gefährlich, habsüchtige Blutsaugerinnen, Gesetze gab es nicht, dafür Ausbeutung und Entmündigung des einzelnen. Man wurde kaputtgemacht und dann auf den Müll geworfen. Man zählte nicht.

Thea trank mit steigender Unruhe Tasse um Tasse. Sie holte zwei weitere Flaschen Bier bei der Nachbarin und sagte sich, daß ein Künstler eben doch ein Mensch anderer Machart sei, einer, dem alles zu nahe ging, einer, der seine empfindliche Seele nicht immer schützen konnte vor der Gewalttätigkeit der Welt. Auch sie fühlte sich oft hilflos wie eine Dreijährige. Der Hausmeister wurde beleidigend, als sie ihn zum zweiten Mal anwies, ihren tropfenden Wasserhahn zu reparieren. Hundert Gramm Tee kosteten jetzt schon acht Mark fünfzig, und auf der Caféterrasse hatte eine junge Frau Kaffee auf ihren Schal getropft, es aber sogleich wutenbrannt abgestritten. Sie verstand ihn. Auf ihre behutsamen Fragen nach seinem Werk, seinem Leben, seiner Kunst, reagierte er mit einer Gereiztheit, die sie sofort verstummen ließ. Er betrachtete sie aus schmalen, bösen Augen und fragte sie rundheraus, auf welcher Waage sie Menschen wiege und was für sie an einem Mann zähle. Sein Einkommen? Sein Erfolg?

Thea wußte nicht weiter.

Als er aufstand und sie festhielt, sie wollte eben das Tablett mit der Kristallkaraffe und den Schnapsgläschen auf den Tisch stellen, schaute sie ihm kopflos vor Aufregung und Hilflosigkeit in sein plötzlich so nahes Gesicht. Er roch nach Bier und lange nicht gewechselten Kleidern. Was wollte er?

Sie ließ sich von ihm ins Schlafzimmer führen, zuerst allerdings in die Küche, denn er kannte sich nicht aus in ihrer Wohnung.

»Muß schlafen«, sagte er und taumelte, ohne sie loszulassen, »müssen schlafen!« Damit war auch sie gemeint. »Jetzt? Gleich?« fragte sie so damenhaft sie konnte. »Ich glaube, Sie sollten jetzt gehen, es ist spät geworden.«

»Alles runter«, sagte er und zerrte an ihrer Bluse. »Komm schon.« Sie fürchtete sich ein wenig vor ihm. Er hatte einen so glühenden Blick, als er das sagte, andererseits, was hatte sie zu verlieren? Kein Mensch mußte es erfahren, und wann war es gewesen, daß jemand ihrer so offen und dringlich als Frau bedurfte? Sie zwang sich, ruhig zu bleiben, schloß die Vorhänge, hörte ihn hinter sich ins Bett kriechen, er trug, wie sie feststellte, ein dunkelblaues geripptes Unterhemd. Sie wollte ins Bad, aber er hielt sie an der Hand fest. Gut, daß sie das hübsche malvenfarbene Korsett trug, das nicht allzu gepanzert wirkte und Spitzen am Brustteil hatte. Er sah ihr nicht zu beim Ausziehen, das rechnete sie ihm hoch an. Er starrte an die Decke, an der die tellergroße Sonne hing, eine Glasleuchte, die sie in Venedig gekauft hatte. Sie legte sich zu ihm, so würdevoll sie konnte, und er rollte sie mit erstaunlicher Kraft auf die Seite und fügte sich an ihren Rücken, als habe er das schon immer getan. »Schlafen Sie«, sagte er leise.

»Was für ein schönes Bett«, und damit schlief er ein. Er schnarchte nicht.

Thea fühlte sich fremd, so von ihm umfaßt und ungewohnt um diese Zeit in ihrem Bett, wenn draußen noch die Sonne schien. Sie hörte Musik, nichts Klassisches, es war eine Art wehmütiger Walzer, der in ihrem Kopf wirbelte und jauchzte. Gut, daß er das nicht hören kann, dachte sie und fühlte, wie der Schlaf sie übermannte. Erstaunlich, dachte sie noch.

Später, viel später, draußen war es schon dunkel, und die Reklame von der Bar gegenüber warf ihren neonblauen Schein auf die geschlossenen Vorhänge, später dann also ließ sie sich geduldig von ihm aus ihrer Verschnürung haken und zog ihm als Antwort sein Hemd über den Kopf.

Ich sollte mich wie ein junges Mädchen fühlen, dachte sie, das heißt es doch immer, aber ich fühle mich einfach wie eine Frau, und das macht mir nicht das geringste aus. Warum sollte eine Frau in meinen Jahren nicht nehmen, was ihr der Frühling schenkt: einen Mann in ihrem Bett. Eine Hand, die sich auskennt, einen Mund, der zwar nach Bier schmeckt, aber wohltut. Nichts entging ihr, der Atem, die Seufzer, die kleinen innigen Geräusche der Liebe. Ihr Schlafzimmer schien ihr wie eine große neonblaue Seifenblase durch die Nacht zu treiben, losgelöst, schillernd und vergänglich. Was bedeutete ihr das?

»Soll ich Musik auflegen?« fragte sie ihn später und wischte an seinem Gesicht herum, auf dem männlich duftender Schweiß stand.

»Bloß keine Klassik«, sagte er leise. »Da krieg ich immer Magenweh davon. Das ist Bauchwehmusik. Bleib einfach da.«

»Du bist kein Geiger«, sagte sie und schob sein Gesicht an ihre Schulter. Er lachte.

»Was hast du bloß immer mit deinem Geiger?« sagte er. »Ich habe Hunde gezüchtet, ehe ich pleite ging, nach der Scheidung, und jetzt bin ich seit Jahren arbeitslos.«

»Du könntest bei mir wohnen. Ich habe eine gute Rente«, hörte Thea sich sagen.

»Haben wir noch Bier?« fragte er.

Emmanuelle Bayamack-Tam

Guten Morgen, ihr Toten

Es ist Nacht, und der Augenblick ist gekommen. Durch den feinen und hellen Stoff seines Hemdes schimmert seine Brust. Ich entkleide ihn. Ich sage nichts, mein Gedicht behalte ich weiterhin für mich, aber die Glätte und Festigkeit seines Fleischs bringt mich um. Es ist schlimmer und es ist besser als beim letzten Mal. Tausendmal stärker und tausendmal grausamer. Das Schwarz kann nicht schwarz genug, die Finsternis nicht tief genug sein, um den schrecklichen Verfall meines Körpers zu überdecken. Ich schäme mich, es jammert mich, aber vor allem bin ich so wütend wie noch nie, heule und wirble in meiner Furienspirale. Ohne Wut würde ich es vielleicht nicht schaffen. Aber sie ist da, und ich treibe sie an und überliste sie. Ich weine, das ist wahr, Tränen, in denen sich alles vermischt: Begehren, Erschütterung und niederschmetternde Kränkung. Aber auf meine Wut ist Verlaß. Auf das Gefühl, kein Leben hätte so leer und sinnlos sein dürfen, wie meines es war. Auf die Überzeugung, kein wirklich gerechter Gott würde zusehen, daß unsere Körper derart verfallen, bis zu dem Punkt, wo kein verliebter Blick sie aus ihrer Häßlichkeit retten kann, bis zu dem Punkt, wo sich das blindeste Begehren nicht mehr blenden läßt. Und wenn es keine Gerechtigkeit gibt, muß ich mich nicht um die Ungerechtigkeit scheren, die ich diesem anderen, so jungen und schönen Körper antue, wenn ich gegen ihn mein furchtbar verwüstetes Fleisch reibe. Das wäre grausam, wenn nicht das Leben selbst grausam wäre. Ich schließe meine Augen nicht, er schließt seine auch nicht. Wut und Leid bringen mich nicht um die Lust und den unendlichen Trost, das sanfte Spiel seiner Haut auf meiner zu spüren, seine streichelnden Hände, die mir ihre wachsende Stärke einflößen. Wenn sich dieser Schrecken lindern läßt, indem ich ihn genieße, seid sicher, dann werde ich es tun, dahinschmelzen, mich unter seinen geschickten, weichen Fingerspitzen noch weiter, noch stärker öffnen. Und gäbe es gar eine Chance, daß ich ihm meinerseits Genuß bereiten könnte, ich würde sie ergreifen, ohne Angst vor der kaum vermeidbaren Niederlage. Ich bin bereit, oh ja, schamloser und professioneller zu sein als die letzte aller alten Schabracken. Soll er doch einfach seine zu aufmerksamen Augen schließen. Er braucht nur an eine andere zu denken, sich vorstellen, sie würde sich so ungestüm mit diesen entfesselten Verführungskünsten über seinen Körper hermachen. Ich weiß, meine Brüste schlaffen schwergewichtig zu beiden Seiten seines schmalen Brustkorbs ab. Ich weiß, mein Bauch rollt seine Ringe blindlings auf seinem, der zwischen den Hüftknochen fast hohl ist. Aber ich bin zu allem bereit, um erste Regungen, das kleinste Erzittern zu ernten. Nie mehr wird eine andere Frau in der Selbstvergessenheit so weit gehen wie ich. Keine andere wird ihm geben, was ich ihm gebe. Und nie mehr wird er so viel geben können; niemand wird ihn je so viel geben lassen. Denn mit der Bitterkeit aller geschluckten Schmach, mit dem höhnischen Bewußtsein um die ganze Lächerlichkeit frohlocke, singe, erbebe ich. Wie auch er, selbst wenn er sein Vergnügen nur aus seiner Willenskraft ziehen sollte, es sei denn, er zieht es aus seiner Überzeugung, Gott und sogar mehr als Gott zu sein: stärker als der Tod – aber das ist einfach –, stärker vor allem als der Ekel, als die lähmende Macht des Ekels.

Es ist so viel Freude in dem, was er und ich tun, so viel Stolz auf unseren Sieg über die stumpfsinnige Ignoranz und die schleichende Angst. Und es ist auch ein Sieg für mich ganz allein, denn ich allein habe Jahr für Jahr den Mechanismus und die Erinnerung an die Lust in Gang gehalten, anstatt in einer düsteren und erstarrten sexuellen Misere dahinzudämmern. Wie andere sich für die Hochzeit unberührt und rein halten, hielt ich mich vibratil und kontraktil für niemanden, für nichts. Während ich das Vergessen hätte wirken lassen, die Betäubung, die Schlaffheit, die wohltuende Mattigkeit zulassen können. Während ich das Leben aller alten Leute hätte führen können: leben in einer schwelgerischen Posteuphorie dank der freigesetzten Verdauungssäfte meiner pünktlich eingenommenen Mahlzeiten, friedlich leben dank der in meinem Magen zersetzten Beruhigungspillen. Ein Leben durch den Bauch. Einzig besorgt um neue Medikamente und darum, zarte Steaks einzukaufen. Immer aber gab es in den Liebkosungen, die ich mir getreulich verabreichte, gedankenlos und manchmal sogar freudlos, die unwillkürliche, aber hartnäckig verankerte Hoffnung, daß mir das vielleicht nutzen könnte. Mir, die Linnenhandschuhe anzog, um ihre Runden in der Klosterschule zu drehen; die beim Bad ein Hemd anbehalten und sich durch den Stoff waschen mußte. Aber schon damals mogelte ich. Meine Finger machten sich auf und mogelten, Zeigefinger und Mittelfinger, die schon bald auf so etwas Zartes, so etwas Gesalbtes stießen, daß ich davor zurückschreckte. Ich ließ davon ab, um meine Stirn gegen den Badewannenrand zu pressen. Mein ganzer Körper glühte im erkaltenden Wasser und grauen Seifenschaum. Ich erwartete und befürchtete zugleich das Abebben dieses beunruhigenden Prickelns. Aber ich machte es immer wieder. Und immer wieder schüttelte mich im stärksten Moment, während ich vor Lust keuchte, auch ein Anfall von Haß und heftiger Angst. Die Welt wurde zu klein. Mit dem Kopf hämmerte ich, mußte ich gegen die beschlagene Wand hämmern. Was tun und wie davon loskommen? Was konnte mir schon widerfahren, was konnte groß genug sein, um diesen offensichtlichen Heißhunger zu stillen? Mein ekstatisches Stammeln erschöpfte sich in tonlosen Klagen und rachsüchtigem Singsang, weil ich genau spürte, die Enge der Welt hing auch damit zusammen, daß mir alles kleinlich berechnet und bemessen war. Ich weinte vor Rührung und Groll. Dann, als ich das Pensionat verlassen hatte, lösten andere Verbote die der Nonnen ab. Es gab keine Handschuhe und kein Hemd mehr, um mir das Berühren nackter Haut zu verwehren, dafür aber die Prüderie eines häßlichen Mädchens. Beim Orgasmus, in steigender Verblendung, wurde mir auch bewußt, daß ich so großen Glücks und so großer Schönheit nicht würdig war. Künftig mußte ich auf Spiegel in Badezimmern achtgeben. Und wie schnell ich mich auch wieder ankleiden mochte, das Geschlecht noch feucht und pulsierend, wie viele Kleidungsstücke ich auch über die absterbenden Wellen der Lust schichten mochte, schnell, schnell, um mich zu bestrafen, ich sah mich trotzdem, mit meinen dicken Beinen, meinen violettschimmernden, durch die schlechte Durchblutung fleckigen Armen, meinen auseinanderstrebenden Brüsten, vor allem sah ich mein abstoßendes Gesicht, meine schiefen Zähne, meine Knollennase, meine Augen mit den klagenden Schlupflidern, meine dicken, schon kupfersinnigen Wangen. Und noch häßlicher war ich in der Hast, mit der ich mich wieder anzog, meine zerstreuten Kleidungsstücke einsammelte, mich verrenkte, mich am Halsbund eines Pullovers würgte, an einem Rocksaum zog, in der Hoffnung, daß er endlich richtig fallen, mir meine Traumsilhouette verpassen würde. Mehr als unter meiner Häßlichkeit litt ich darunter, mir nicht ähnlich zu sehen. Eine andere Häßlichkeit wäre mir lieber gewesen. Mit einer skrofulösen Magerkeit, einem farblosen Teint, fliehenden Zügen, schütterem Haar hätte ich mich abfinden können. Vielleicht hätte ich mich sogar mit belanglosen, nicht allzu auffälligen Behinderungen arrangieren können. Mein immer wieder auftretender Strabismus störte mich zum Beispiel weniger als mein apoplektischer Teint und mein Stiernacken. In mir staunte eine kleine, leichte, gelöste Seele über einen so vierschrötigen Körper, so viel Blut, so üppiges Haar, so wuchernde Behaarung am ganzen Körper, alles. Bis hin zu den überzähligen Schneidezähnen, die mir mit dem Eintritt ins zehnte Lebensjahr jede Lust auf ein Lächeln verdarben. Und wie sich mit dem schattigen Flaum über den Lippen abfinden, den ich mit Wasserstoff betupfte, bis er noch offensichtlicher, noch ungebührlicher glänzte?

Verschwenderisch bedachte ich mich weiterhin mit diesem Streicheln und dieser namenlosen Lust. Überzeugt davon, als einzige auf der Welt einen so lasterhaften Ausweg gefunden zu haben. Aber die Toten störten mich. Vor den Lebenden konnte ich mich verstecken, unter den Laken oder hinter dem Duschvorhang aktiv werden, aber die Toten, sie sahen mich bestimmt. Schlimmer, sie hörten mein verzücktes Geröchel und vor allem diese in Wut und stickiger Ekstase ausgestoßenen Sätze, die mich selbst am meisten überraschten. Meine Toten also, eine Tante, ein Großvater, der Bruder einer Pensionatsfreundin, sie waren weniger zahlreich als heute, aber ich wußte, daß ihre Augen die Dunkelheit durchbohrten und die feinsten Töne zu ihren gasförmigen Ohren drangen.

Zwanzig und ein paar Ehejahre unterbrachen diese seit jeher unbenannten Praktiken. Aber als Witwe, schon am Tag von Henris Beerdigung, wandelte ich wieder auf dem sträflichen Weg. Von nun an jedoch nannte ich die Dinge beim Namen und vor allem wußte ich, daß wir zu Tausenden waren, Kohorten allzu neugieriger Pensionatsschülerinnen, unruhiger junger Mädchen, alter vereinsamter Frauen oder gar, soweit ich wußte, erfüllter Gattinnen, die auf ein kleines zusätzliches Glück nicht spuckten. Vom Friedhof zurück, drehte und wendete ich mich rastlos wie ein wildes Tier in meiner untadelig geputzten und aufgeräumten Katakombe, untröstlich und ohne Aufgabe wie ich war, als mir plötzlich einfiel, daß mir nur diese alte, aber nicht vergessene Gewohnheit Beruhigung verschaffen könnte. Und es war wie früher, mein Kummer fand in Schreien und Tränen der Lust einen Ausweg. Um es noch einmal zu sagen, vor Henris Tod lastete seine lange Krankheit auf meinem Buckel, beflissene Pflege und tugendhafte Nachtwachen, alles, was man vergeblich für einen Mann macht, den man noch ein wenig liebt, obwohl eines Tages ein geschlechtloses Wesen seinen Platz unter den schon angeschmutzten Laken eingenommen hat, sich im übelriechenden Schatten des Schlafzimmers zusammenkauert, um mit einer schrillen

Stimme verdrehte Forderungen zu stellen. Diesen Schlag hatten mir schon meine Eltern versetzt. Genauso. Einer nach dem anderen. Ihre fiebernden Augen zu mir aufgeschlagen, ihre Hände noch immer wie gierige Greifer auf der damastenen Bettdecke. Jedesmal überfielen mich dieselben Gefühlsaufwallungen: Mitleid, Ekel, Rachgier, Liebe und der Gedanke, daß ich alles, was ich tat, tun mußte. Ich führte den fleischlosen Ellbogen meiner Mutter zur dampfenden Badewanne, in die ich sie mit unendlicher Behutsamkeit setzte. Sie schwamm im Wasser, das nie heiß genug war, ohne ihren panischen Blick zu verlieren, ohne ihre Litanei von Ermahnungen und ihre grausamen Bitten zu unterbrechen. Mit schäumenden Handschuh rieb ich die kleinste Hautfalte aus und panzerte mich gleichzeitig gegen den Schmerz, sie so geschrumpft, fast verloren in der großen Badewanne zu sehen, wie gegen die Bitterkeit, den riesigen Groll, daß sie mich das alles zu tun zwang. Alle, mein Vater, meine Mutter, mein Mann, lehnten mit gleichem wütenden Starrsinn eine bezahlte Krankenpflege ab, tolerierten nur mich zwischen sich und dem Tod. Vielleicht war es gerade meine Vitalität, meine ungeschlachte Gesundheit, die sie beruhigte und ihnen zugleich so debile Launen eingab. Ich war davon überzeugt, daß mein blutroter Teint, mein glänzender Flaum und meine unverbrauchten Muskeln diese Sterbenden provozierte. Ich war durchaus bereit, Buße zu tun und alles zu sühnen, meine wahnsinnige Lust zu schreien, das

Prickeln in meinen Beinen, die Herzsprünge und die unbändige Lebenslust, die mich packte, wenn ich ihr Zimmer betrat, wenn ich ihr Leidenslager wieder herrichtete oder ihnen die bitteren Pillen vorlegte, an die sie sich jetzt mit all ihren Hoffnungen klammerten … Ach was, sie haben es mich teuer bezahlen lassen, das trostlose Zusammentreffen meiner Jugend mit ihrem elenden Lebensende. Denn selbst bei Henri war ich noch jung. Meine Ehejahre habe ich zwischen Sessel und Sofa damit verbracht, Speck anzusetzen; meine Kraft wollte weiter nichts, als ausgelastet sein. In den Flanken verspürte ich die Unruhe eines Pferdes, das Verlangen, mich zu verausgaben, mit hängender Zunge zu rennen, auf Knien meinem Kreuzweg zu folgen. Und alle haben davon reichlich profitiert. Mein Vater, den ich jeden Morgen halb ausrenkte, um ihm Blutkrusten zu ersparen; meine Mutter, der ich, ohne die Miene zu verziehen, zehnmal am Tag die Bettpfanne brachte; Henri, den ich in den letzten Monaten seines Lebens mit pürierter Nahrung fütterte.

Bei so vielen absurden Erinnerungen rast mein Herz, erbebt ein Wirbel nach dem anderen – die doch schon genug geplagt sind durch die soeben verhängte Gymnastik. Ich frage:

»Wenn man stirbt, sieht man dann sein ganzes Leben vorüberziehen?«

Sandor stützt sich auf einen Ellbogen, um mich mit Neugier zu inspizieren.

»Sehen Sie Ihr Leben vorüberziehen?«

»Richtig. Mein Leben als Onaniererin und Krankenschwester.«

Er belohnt mich mit einem kleinen teilnahmsvollen Streicheln.

»Jenes Leben ist Vergangenheit, Renée. Für dieses Leben sind Sie nun tot.«

Karin Reschke

Nenne es Abschied

Unbeschwerte Jugend, sagte Annabelle. Die Stimme gefiel ihr nicht ohne Echo, sie war Antworten gewohnt, zeigte durch die Windschutzscheibe, als hocke das Echo draußen im Busch. Die Dunkelheit weitete ihren Blick, sie zog die Hand zurück, legte sie in den Schoß, der Sternenhimmel sauste nicht hernieder. Andromeda, meine unbeschwerte Jugend, kicherte sie und erschrak, weil keine Antwort kam. Sie klammerte sich an die Rückenlehne, nebenan auf dem Fahrersitz erkannte sie die Umrisse des Großen Bären. Du könntest weiterfahren, Vincent, wir müssen hier nicht bleiben, über vergangene Zeiten grübeln, es ist spät. Vincent fuhr nicht. Annabelle ertastete das Lenkrad, ertastete den Fahrersitz, Vincent saß nicht hinter dem Steuer. Sie sah andere Umrisse, den jungen Mann, ihre unbeschwerte Jugend legte sie ihm zu Füßen. Verdammt lange her, sie seufzte. Vincent, ich bin müde, laß uns aufbrechen. Sie wandte dem Sternenhimmel ihren Rücken zu, Schultern aus altem Holz, mürbe, das Lendentier. Annabelle kroch in den Fond des Minibusses, faltete die Dekken auseinander, warf sie über die Füße, kauerte auf der Hinterbank. Unter ihrem Kopf lag die Straßenkarte, darauf Vincents Mantel. Sie steckte die Nase in den Kragen, glitt mit dem Finger auf der Karte das Gewirr der Landstraßen, Autobahnen, Knotenpunkte entlang, das Papier knitterte, sie roch Vincents Nähe und schloß die Augen.

Am Morgen sah sie klar.

Es hatte sich nichts geändert über Nacht, der Minibus stand geschützt irgendwo in der Landschaft, Wüste und Busch, der Himmel graute. Annabelle stieg aus dem Auto, schlüpfte hinter einen Busch, hob die Röcke. Das bleibt, sagte sie hellwach, ein Bedürfnis, ob wir jung oder alt sind, Vincent, wir heben die Röcke, entleeren die Blase, als sei das schon ein Glück. Du kannst von Glück reden, daß wir beide so alt geworden sind, hatte Vincent neulich gesagt. Auch wieder wahr, andererseits nichts Besonderes, das Alter, und es Glück zu nennen, Vincent, Glück kann man nicht dazu sagen, Zufall vielleicht. Zufällig werden wir heutzutage alt und älter, medizinisch gesehen, ein unverzeihliches Gebrechen, mein lieber Vincent. Alte Leute sind die Pest heutzutage, sie tun nichts Sinnvolles mehr, außer in Gewohnheiten zu schwelgen, niemand von uns Alten will seine Gewohnheiten aufgeben, als wären Gewohnheiten die Errungenschaften eines langen Lebens. Stillstand, Vincent, ja nicht dran rühren, Bewegung und Wagnis klein halten, damit nichts passiert, das Alter geschont wird, eine falsche Kostbarkeit. Wozu, Vincent, wozu?

Annabelle ließ die Röcke fallen, es huschte durchs hochstehende Gras. Sie sah die violette Morgenröte, unsichtbarer Sternenhimmel, die weiße Mondsichel, ihre Hände streiften betaute Gräser. Das Frühstück fiel mager aus, sie wunderte sich über die geringen Vorräte im Heck, ein wenig Schinken, trockenes Brot, verschrumpelte Äpfel, eine Dose Thunfisch, ein Rest kalten Tees in der Thermoskanne. Annabelle schlug die Heckklappe zu, stapfte um den Minibus herum. Gestrandet, sie versuchte ein Lachen. Jämmerlich. Ich werde mich auf die Pirsch begeben, Vincent, Fallen aufstellen, das Abschleppseil präparieren. Annabelle wollte ein Kirchenlied schmettern, heraus kamen schiefe Töne, sie verstummte. Früher hab ich singen können, Vincent, im Chor und solo: Ihr Felsen hart und Marmelstein, ihr Himmelssterne groß und klein, wollt lichte Tränen weinen … Ihr Himmelszier, o Sonn und Mond, verberget euer Licht und Strahlen.

Annabelle öffnete die Wagentür, frische Luft, Vincent? Der Mann saß weder auf dem Kutschbock, noch klemmte er irgendwo dazwischen, sie drehte den Kopf weg, lehnte das Hinterteil gegen die Motorhaube. Keine Ansprache, mein Lieber, das sind die Morgen, die ich genieße. Kein Kaffee, keine weichen Eier, fehlt dir was? Ein paar Schritte in den Busch hinein. Sie blieb stehen. Die Sonne stieg, aber nicht sehr hoch. Annabelle fröstelte. Schon wieder Herbst, eben war doch erst Herbst, wir haben Äpfel von den Bäumen geholt, Quitten auf die Fensterbank gelegt, für Margot und Paul Pflaumen eingekocht.

Margot und Paul. Annabelle faßte sich an den Kopf. Ja, sie waren sehr freundlich, wie stets, haben gnädig die Gläser in Empfang genommen und ihren Hasenbraten serviert. Margot wird immer jünger, wie macht sie das? Im Busch knackten Zweige, vielleicht Schritte. Bist du es, Vincent? Annabelle streckte das gute Ohr in die Richtung, sie atmete kaum, dann ließ sie den Kopf hängen. Ich wollte schon oft ganz in Ruhe über Margot nachdenken, die geratene Schwester, die große Schwester, die Beste von uns dreien. Gutartig, intelligent, gescheit, eine Schönheit, auch jetzt noch, und wen hat sie mit ihrer Gutartigkeit, Intelligenz, Gescheitheit, Schönheit einfangen können? Den Kunstmaler Paul. Einen Fabrikbesitzer hätte sie heiraten sollen, und einen Kunstmaler hat sie genommen, Margot, die Gescheite, verwechselte ihren Kopf mit dem Schoß.

Hoppla, nicht von der Luftschaukel fallen, Annabelle. Margot hielt die Kleinere an den Armen fest, sie duftete nach Pfingstrosen, Seidenhaar in goldene Wellen um die Schultern gelegt, das weiße Kleid wie Silberlicht. Annabelle war dunkel und struppig, ihre Augen sprangen schwarz aus dem Gesicht, unbestimmt rannte sie drauflos, Luftschaukel, Straßenbäume, sie erklomm jede Höhe, um in die Tiefe schauen zu können, schwindelig werden. Margot holte sie vom Seil, vom Baum, vom Dach, ein Blick aus sanftem Haselnußrund, ihre ausgestreckten Vernunftarme, und Annabelle folgte ihrem Blick, ließ sich in die Vernunftarme der Großen fallen.

Linda. Ach, Linda haben wir aus den Augen verloren, wohin hat es Linda, unsere Dritte, verschlagen?

Annabelle griff durch die offene Tür des Minibusses in den Handschuhkasten, zog das Fernglas an die Augen. Linda ist nirgends in Sicht, vielleicht gar nicht mehr da; sie mochte uns nicht, haßte Margot, die einzige, die nicht unbeschwert jung sein wollte. Wir drei, so verschieden, Vincent. Auch äußerlich. Margot, schlank und groß, Linda, mittelgroß, hager, und ich, ein Besen. Annabelle lachte nicht gern über sich, Erinnerungen können trügen, Geist betrügt Leib mit Seele, Seelenbildern dürfe man nicht trauen, sagte Vincent in seinen lichten Zeiten.

So war es genaugenommen ein Familienbesuch, Margot und Paul wurden Jahr für Jahr im Herbst besucht, man fuhr seine knapp tausend Kilometer hin, blieb eine Woche, dann ging es zurück. Vincent fuhr, er liebte das gleichmäßige Dahinrollen über die Autobahnen.

Annabelle liebte es weniger, sie hing bloß an ihrer Schwester, aus Gewohnheit, und Paul nehme ich hin, Vincent, wir haben uns nicht viel zu sagen, schon früher nicht. Selbstverständlich freut es mich, die beiden einmal im Jahr zu sehen, in letzter Zeit allerdings bemerke ich leider nur noch ein Aufflackern, der Rest ist Wiederholung.

Wo stecken wir eigentlich, Mann, wo steckst du? Annabelle entdeckte nichts durchs Fernglas, im Gestrüpp säuselte der Wind. Es war kalt, fahles Herbstlicht waberte, das kondensierte Parallelogramm eines Silbervogels, sehr hoch im wolkenlosen Himmel, zerfranste allmählich an den Rändern. In welche Richtung flog der Vogel? Nach Norden, Süden? Wenn sie doch gewußt hätte, warum der Wagen festsaß, versteckt im Unterholz; sie mußte vor sich hingedöst haben, als Vincent eben mal weggetaucht war. Die langen Fahrten ermüdeten sie, dauernd schlief sie ein, trotz der Pausen, Vincent pausierte alle zwei Stunden, nahm in den Rasthäusern einen Kaffee, rauchte eine Zigarette, lief ein paar Schritte.

Auf der Reise zu Margot und Paul vor einem Jahr hatten sie sich verfahren, hundertzehn Kilometer Umweg, war ihnen noch nie passiert, Vincent, der Autobahnentzifferer, fuhr vor einem Jahr über das Ziel hinaus, es kostete ihn ein Lächeln, natürlich. Annabelle starrte auf die dürren Zweige der Erlen. Komm schon, Mann, wir wollen heim, haben genug pausiert. Es wurde kälter, Annabelle fror. Sie fischte eine Decke vom Rücksitz des Minibusses, schlug die Wagentür zu, warf sich die Decke um die Schultern, stampfte mit den Füßen. Vielleicht sollte ich eine Scheibe Schinken essen und einen Schluck Tee nehmen. Wieder trat sie ans Heck, öffnete die Klappe.

Wann haben uns Margot und Paul verabschiedet, Vincent? Gestern, vorgestern? Annabelle brachte häufig die Tage durcheinander, auf Reisen verlor sie jegliches Zeitgefühl, Tage verflossen, Stunden, es berührte sie nicht, Zeitabläufe gingen sie nichts mehr an, es gab keine Notwendigkeit, irgendeinen genauen Zeitpunkt abzupassen, Zeitabläufe waren ihr gleichgültig geworden. Endlich sind wir da, endlich fahren wir ab, zwischen beiden Endlichkeiten rieselte die

Zeit. Erstaunt sah sie sich eine Scheibe Schinken essen, Tee aus der Thermoskanne trinken. Zeit anhalten wünschte man sich selten im Leben.

Annabelle versuchte sich die Umstände ihres Aufenthalts ins Gedächtnis zurückzurufen, Wüste, Busch, sie wußte nicht, wo sie sich befand, und hob achselzuckend die Thermoskanne in die Höhe, die zwei, drei Schinkenscheiben. Der Tee schmeckte bitter, war kalt, der Schinken trocknete schon eine Weile. Ihr Blick fiel auf den Boden, die Reifenspuren waren kaum zu erkennen. Annabelle hätte nicht sagen können, welche Abfahrt Vincent verführt hatte, in dieser Gegend zu rasten. Er verschwand ja auch öfter mal mit dem Minibus, fuhr zum Fischen ans Meer oder rannte durch den Regen tagelang, kam wieder und tat so, als sei er gar nicht weg gewesen. Annabelle erwähnte Vincents Ausflüge mit keinem Wort. Die Fische, die er mitbrachte, kamen in die Kühltruhe, die Wäsche wurde gewaschen, die Hose gereinigt, die Schuhe wurden geputzt. Könnte sie den Minibus fahren, würde sie wahrscheinlich auch hin und wieder zu Spritztouren aufbrechen, die Bundesstraße nach Lübeck nehmen, in der Fußgängerzone spazierengehen, die Marienkirche besuchen, die von Bomben im Zweiten Weltkrieg zerschmetterte Turmglocke betrachten. Unbeschwerte Jugend, Vincent, sie klapperte mit den Zähnen.

Margots Verehrer gaben sich zu Hause die Klinke in die Hand, unsere Mutter blühte auf vor Stolz, Vater wollte seine Älteste nicht hergeben, was haben wir über Vater gelacht. Linda lachte nie, Linda verbiß sich das Lachen, den Fabrikbesitzer, der sich um Margot bemühte, umgarnte sie, herrje, Linda wollte um jeden Preis Margots Fabrikbesitzer zum Mann. Wir bogen uns vor Lachen, weil der Fabrikbesitzer in seinen besten Schuhen, er stellte Schuhe her, die berühmten Bequem-Schuhe, unserer Linda auf die Zehen trat. Das war ein Spektakel, der Zehentreter in Abwehrstellung, Linda in Wuttränen aufgelöst. Sie hat ihn nicht mit ihren wunden Füßen geangelt, Vincent, Linda bekam keinen Antrag vom Schuhfabrikanten, ein Drama. Margot, die Gutartige, hätte ihn ihr so gern abgetreten, da nahm der Fabrikbesitzer seine Schuhe in die Hand und ward nicht mehr gesehen. Damals hing die Glocke noch im Turm der Marienkirche, an Krieg haben wir weiß Gott nicht gedacht, die schlimme Zeit brach gerade an, unsere goldene Zeit wurde nach und nach die schlimme Zeit, das merkten wir aber erst später. Später hörte man nur Klagelieder über unsere goldene, schlimme Zeit, wir haben unser Leben falsch gelebt, Vincent; unbeschwerte Jugend und Torheit rächen sich. Linda rächte sich an uns, verließ uns nach dem Krieg ohne Abschied, wir mußten büßen für das falsche Spiel, als hätten wir den Krieg verbrochen, Lindas Schicksal ausgeheckt, die Familie in den Abgrund gestoßen, unser Land in Schutt und Asche gelegt, den Ruin Europas heraufbeschworen. Wir, Vincent, wir Alten mit den unbeschwerten Jugendjahren. Ich weiß nicht mehr, wo uns der Kopf damals stand, wohin unsere Blicke schweiften, wer unsere Tatkraft vergeudete. Je älter ich werde, desto weniger weiß ich, Vincent, meine Kenntnisse, mein Wissen, es schwindet mit jedem Tag, und ich spüre nicht einmal, wie die Tage vergehen und wie mit den Tagen mein Wissen vergeht, meine Kenntnisse und vielleicht auch meine Erkenntnisse aus meinem Innern fortströmen.

Annabelle zitterte vor Kälte, die Decke beschwerte sie, wärmte nicht, aus ihrer Nase lief es, die Augen tränten, Schweiß stand ihr auf der Stirn, überall lag Rauhreif, die Erlen knisterten, ihre Finger waren blau gefroren. Sie öffnete die Tür des Minibusses, setzte sich auf den Beifahrersitz, die Windschutzscheibe wuchs langsam zu, sie sah Eisblumen, das Licht schien Kristalle in der Luft zu bilden, die Luft knackte, flirrte. Annabelle schaltete die Zündung ein, wollte die Standheizung in Gang bringen, blies die tauben Fingerspitzen, ihr Atem rauchte. Die Standheizung schepperte. Sie blickte sich um im Minibus, griff nach Vincents Mantel vom Rücksitz, erwischte die Straßenkarte. Den Mantel zog sie an, legte die Decke auf die Knie, breitete die Straßenkarte aus, die roten, blauen, grünen Linien, Schraffuren, Kurven kreiselten vor ihren Augen. Sie hatte keine Ahnung, wie sie an diese Stelle, in diese Senke ohne Namen geraten waren, Wüste und Busch. Sie nannte alles Wüste und Busch jenseits der Autobahnen, sogar Großstädte, Industrie, Bahnanlagen, Tunnel, Unterführungen. Ihr Ortssinn beschränkte sich auf die Umgebung, in der sie zu Haus war, die Bundesstraße nach Lübeck, auch nach Hamburg würde sie notfalls finden. Erschöpft irrten ihre klammen Finger die Karte rauf und runter, sie erblinzelte Städtenamen, Ortschaften, die ihr nichts bedeuteten. Während der Fahrten zu Margot und Paul oder retour achtete sie selten auf Ortsschilder, meistens verpaßte sie den Wechsel von einer Autobahn zur nächsten. Da sie nie am Steuer des Minibusses gesessen hatte, nie selbst ein Fahrzeug lenkte, Vincent von Anfang an das Steuer in der Hand hielt und jahrzehntelang auch nicht aus der Hand geben wollte, riß sie sich nicht drum. Im Gegenteil, sie betrachtete die Fahrerei als sein Steckenpferd, der Minibus war sein Spielzeug, nicht einmal die Standheizung konnte sie bedienen, das Scheppern hatte aufgehört, es blieb kalt, sie schnatterte und schnatterte, dann überwältigte sie der Schlaf.

Wach wurde sie durch ein Geräusch, ein Brummen. Sie lag mit dem Kopf auf dem Fahrersitz, Vincents Thron, Mantel und Decke um den Leib geschlungen, den Rücken steif, die Arme unbeweglich, im Blick Schwärze, im Ohr das unheimliche Brummen. Rührte sich aber nicht, lange nicht, starr im Nacken, Druck im Bauch. Sie klappte die Augen zu, klappte sie wieder auf, rappelte sich. Es war stockdunkel, wer brummt da im Dunkeln. Vincent? Mann, wo bist du? Willst du mich erfrieren lassen? Läßt du mich hängen in dieser Wildnis und Kälte?

Plötzlich sprachen alle Anzeichen ihres unfreiwilligen Aufenthalts für die Flucht des Mannes. Vincent war geflohen, überließ sie ihrem Schicksal. Sie fuhr hoch, stieß mit dem Kopf gegen das Armaturenbrett, das Brummen hörte auf. Du hast mir deinen Mantel gelassen, den Zündschlüssel und hast dich davongemacht, Vincent, weil du genau weißt, daß ich den Bus nicht vom Fleck bekomme. Annabelle konnte nicht glauben, was sie dachte, verzweifelt tastete sie nach dem Lichtschalter. Sie ängstigte sich mit einem Mal vor dem großen, leeren Raum. Es schienen kein Mond, keine Sterne, die Stille senkte sich bleiern, Zeit- und Ortlosigkeit ergriffen Besitz von ihr. Vincent, warum? Sie blickte aus dem Seitenfenster in die Schwärze. Ich muß die Tür öffnen, dann geht das Licht an, die Tür ließ sich nicht öffnen. Sie rüttelte und rüttelte, hämmerte mit den Fäusten. Auf der Windschutzscheibe hatte der Frost ihren Atem in ein Eisblumenfeld verwandelt. Vincent, ich erfriere. Sie legte die eisigen Finger in den Schoß, warf den Kopf nach hinten, schluckte Tränen, kurbelte das Seitenfenster herunter, die Kälte schlug ihr ins Gesicht. Sie kroch auf den Fahrersitz, der Mantel, die Decke hinderten sie. Annabelle stieß gegen die Fahrertür, sie sprang auf, Annabelle stürzte ins Freie. Die Nacht war eine schwarze Kuppel, und es fiel Schnee. Annabelle rannte um den Bus herum, hockte nieder mit erhobenen Röcken. Ihre Blase krampfte, ihr Magen zog sich schmerzlich zusammen. Sie zitterte am ganzen Leibe. Ich komme hier nicht weg, Vincent. Sie trat zum Heck, öffnete die Klappe, suchte nach der Taschenlampe, fand sie nicht. Sie stopfte den Kanten Brot in den Mund, es schneite auf ihren Kopf, die Flocken rieselten in ihren Kragen. Wildnis, Schnee, Kälte und Finsternis versetzten sie in eine Furcht, aus der sie keinen Ausweg wußte. Sie schloß die Heckklappe, kletterte auf der Fahrerseite wieder in den Bus, legte die Rückenlehne des Vordersitzes auf das Lenkrad, duckte sich auf die Rückbank, schloß das Seitenfenster, nahm alle Decken und warf sie über sich. Irgendwann schlief sie ein, wachte auf, grübelte, schlief wieder, erwachte mit der Gewißheit, Vincent habe sich ein für allemal aus dem Staub gemacht. Nach vierzig Jahren machte sich Vincent davon ohne Abschied.

Vor nicht allzulanger Zeit war sie ihm auf die Schliche gekommen. Sie fuhren zum Einkaufen in die Kreisstadt, luden den Kofferraum voll, Annabelle verstaute Lebensmittel und Toilettenartikel, eine neue Gießkanne für den Garten. Vincent zog noch mal los, sagte, er komme gleich zurück, sie solle im Wagen auf ihn warten. Sie wartete und wartete, hielt ein kleines Schläfchen und wartete, Vincent kam nicht. Endlich beschloß sie, ihn zu suchen. Sie lief vom Parkplatz in die Innenstadt, die Geschäfte rauf und runter. Dann sah sie ihn zufällig in einer Spielhalle, er stand vor einem Automaten, steckte Münzen hinein und wieder und noch mehr, kassierte, steckte erneut Münzen in den Automaten. Sein Gesicht hatte einen fremden Ausdruck, der Mund war aufgeblüht, in seinen Augen flammte ein unbekanntes Feuer. Ihre Verwunderung war grenzenlos. Er hat doch früher nicht gespielt, das Glücksspiel verabscheut, nie einen Lottoschein ausgefüllt, geschweige Geld in irgendwelche Automaten gestopft. Er fütterte den Automaten, fand kein Ende, die Gewinne wurden sofort wieder umgesetzt. Er trank Bier während des Spiels, zwei, drei leere Gläser standen neben ihm. Annabelle entfernte sich rasch, betrat ein Café gegenüber der Spielhalle, setzte sich ans Fenster, bestellte eine Tasse Tee, die sie sogleich bezahlte, und beobachtete von Fenster zu Fenster den fremden Mann am Spielautomaten, dessen Leidenschaft sie überrumpelt hatte.

Später, zu Haus, brachte sie die Rede darauf, wollte von ihm hören, was ihn trieb und umtrieb. Der Mann stand begossen vor ihr, ein ertappter Junge, dann ergriff er ohne ein Wort die Flucht, verschwand tagelang. Als er wiederkam, abgerissen und zerzaust, nahm er seine Gewohnheiten in Haus und Garten wieder auf. Sie machte ihm keine Vorhaltungen, hielt aber das Geld zusammen, rechnete ihm die gemeinsamen Ausgaben vor. Er muckte nicht auf, forderte auch nichts, daß er dennoch Mittel und Wege fand, in die Spielhalle zu kommen, wußte sie.

Gegen Morgen stapfte Annabelle durch den frisch gefallenen Schnee, sie stapfte ruhig und Herr ihrer Sinne aus der Wüste fort, um Hilfe zu suchen. Sie trug Vincents Mantel, seine Arbeitshandschuhe und achtete auf ihre Fußspuren. Sie kam an ein Wasser, eine beschneite Fläche, Schilf brach unter ihren Schritten, ihr Blick ging hinüber zum anderen Ufer,

Schilf und nochmals Schilf, ihr Blick kehrte langsam zurück. In der Mitte des stillen, weißen Sees schwamm eine Ente, das erste Lebewesen seit Stunden oder Tagen. Ihr Herz stolperte und stolperte, ehe sie erkannte, daß die Ente sich nicht rührte, ihr Hals steif aus dem gespreizten Gefieder ragte. Nacht und Frost mußten sie erwischt haben, festgefroren klemmte sie im Eis. Annabelle wich ins Unterholz aus. Hier konnte sie nicht weiter, der See bildete eine natürliche Grenze, zwang sie zur Umkehr.

Sie erreichte in ihrer Spur den Minibus, fühlte sich schwach werden in den Knien. Die Knöchel taten ihr weh, ihre Füße schwollen zu Eisklumpen, angestrengt vom ungewohnten Gehen im Schnee und hungrig lehnte sie gegen Vincents Spielzeug. Die Sonne platzte aus den Wolken, gläsern und hart fegte die kalte Luft den Schnee. Annabelle erhob ihre Stimme: Schaut, was das Lamm für schwere Plag' von grimmigen Wölfen duldet: Schaut, was Gott leid't für große Schmach, da er doch nichts verschuldet. Der alles Feld mit Gras bedeckt, ist bloß am Kreuz gestorben: An diesem Stamm hart ausgestreckt hat er das Heil erworben. Niedergeschlagen hielt sie inne, die nächste Strophe wollte ihr nicht mehr aus der Kehle, ihre Brust vibrierte, sie mußte sich bewegen, durfte nicht auf der Stelle stehen, unnötig Kraft mit Singen verschenken. Wohin sie sich wandte, Busch und Wüste glitzerten, die Sonne blendete, sie lief um das Auto herum wie ein Hamster im Laufrad. Der Minibus, das Zentrum des Mannes, wurde nun das ihre.

Er hatte sie schmählich im Stich gelassen, die wilde Annabelle, früher immer obenauf in allen Lebenslagen, dann weniger obenauf und noch weniger und beinahe schon richtungslos, wenn sie sich um die eigene Achse drehte, vorn und hinten verwechselte, ihr Gleichgewicht verflog. Taumelnd flüchtete sie sich in den Bus. Verloren, Vincent, vorbei, nenne es Abschied. Die Decken verhüllten sie, bald fror sie nicht mehr, der Hunger jedoch nagte an ihren Eingeweiden. Sie konnte nicht länger durch das Fenster in die Sonne blinzeln.

Diesmal raubte ihr das Brummen die Besinnung. Sie ruderte mit den Armen und wurde herumgeschleudert, fiel, Übelkeit weckte sie, drückte ihr den Hals zu. Sie würgte, öffnete die Augen, sah sich in der Horizontalen, festgeschnallt an Armen und Beinen, schweben, höher und höher, dann absacken. Steigen. Über ihrem Kopf rotierte der Himmel, sie schaffte es nicht, den Kopf zu heben. Das Brummen durchschnitt ihren Leib, aus der Ferne vernahm sie Stimmen. Die Augendeckel schmerzten, die Augäpfel brannten. Tränen schossen ihr unter den Lidern hervor. Sie atmete im Takt eines Rotors. Ein Gesicht beugte sich über ihr Gesicht, sie erkannte Stirn, Nase, Mund, ein Lächeln. Der Mund sagte: Sind Sie wach? Annabelle wurde aus dem Minibus geborgen. Ein Christopherushubschrauber brachte sie ins städtische Krankenhaus nach Herford, sie wußte nicht, wo Herford lag. Die Schwestern bemühten sich um sie, gaben ihr Milch und Honig, fühlten ihren Puls. Ihr

Herz stolperte, ihr Blick irrte an Wänden empor und stürzte. Sie brauchte Tage, dann meldete sich ihr Verstand. Sie richtete sich auf im Bett, strich die Decke glatt, Leben kehrte in ihre Glieder zurück. Sie verspürte Hunger, Durst, war müde und schläfrig, war wach und registrierte ihre Umgebung. Bett, Nachttisch, Schüssel, das Anstaltshemd, fremde Menschen.

Eines Nachts rief sie die Schwester, schweißgebadet saß sie im Bett, ihre Augen erblickten einen gefrorenen See, eine Ente im Eis. Die Schwester beruhigte sie. Am darauffolgenden Morgen sagte sie bei der Visite: Und Vincent, mein Mann, wann kann ich mit ihm sprechen? Der Doktor setzte sich zu ihr ans Bett. Ihr Mann hatte einen Unfall. Annabelle kreuzte die Arme über der Brust, schloß die Augen, einen Unfall, wiederholte sie. Der Doktor fuhr leise fort: Die Polizei fand ihn erfroren mit einer Kopfverletzung und Schürfwunden im Gesicht keine zwei Kilometer von ihrem Fahrzeug entfernt im Gebüsch, neben sich einen leeren Benzinkanister und eine Taschenlampe.

Annabelle riß die Augen auf, Fetzen der Erinnerung jagten ihr durch die Schläfen, sie schlug die Hände in ihr Gesicht. Während eine Schwester ihre Hände nahm und sie sanft in die Kissen bettete, sah sie Vincent in der Dämmerung den Minibus in eine Ausfahrt lenken, weg von der Autobahn. Wir machen eine Pause, Annabelle, ich muß ein paar Schritte laufen, außerdem haben wir keinen Sprit mehr. Ich nehme den Benzinkanister mit, suche eine Tankstelle. Und Vincent verschwand mit dem Kanister und seiner Lampe im Unterholz, dann kam der Winter mit heftiger Gebärde. Annabelle stimmte unhörbar die dritte Strophe des Liedes an, das sie vor langer Zeit gesungen.

Leonora Carrington

Das Hörrohr

Als Carmella mir ein Hörrohr zum Geschenk machte, hätte sie wohl einige der Konsequenzen voraussahnen können. Carmella ist nicht eigentlich boshaft, sie hat nur einen etwas ausgefallenen Sinn für Humor. Das Hörrohr war schon ein prächtiges Exemplar, nicht eigentlich modern, dafür außergewöhnlich hübsch, verziert mit Motiven aus Silber und Perlmutt und großzügig wie ein Büffelhorn gebogen. Schönheit war jedoch nicht sein einziger Vorzug; das Hörrohr verstärkte Geräusche derart, daß selbst eine gewöhnliche Unterhaltung für meine Ohren ganz verständlich wurde.

Hier muß ich nun sagen, daß nicht alle meine Sinne altersschwach sind. Meine Augen sind noch ausgezeichnet, obwohl ich eine Brille zum Lesen benutze, wenn ich lese, was ich eigentlich fast nie mache. Zugegeben, das Rheuma hat meine Knochen etwas gebeugt. Doch das hindert mich nicht, bei heiterem Wetter spazierenzugehen und einmal in der Woche, am Donnerstag, mein Zimmer auszufegen, eine körperliche Übung, die nützlich und zugleich erbaulich ist. Hier darf ich hinzufügen, daß ich mich immer noch als ein brauchbares Mitglied der Gesellschaft betrachte und, wie ich glaube, angenehm und unterhaltend bin, wenn der Anlaß danach ist. Daß ich keine Zähne mehr habe und nie eine Prothese tragen konnte, stört mich nicht im geringsten. Ich brauche niemanden zu beißen, und es gibt alle möglichen weichen Nahrungsmittel, die bequem erhältlich und dem Magen bekömmlich sind. Zermanschter Gemüsebrei, in warmes Wasser getunkte Schokolade und aufgeweichtes Brot bilden den Grundstock meiner einfachen Kost. Fleisch esse ich nie, denn ich halte es für falsch, Tieren das Leben zu nehmen, wo sie ohnehin so schwer zu kauen sind.

Ich bin jetzt zweiundneunzig und lebe seit ungefähr fünfzehn Jahren mit meinem Sohn und seiner Familie zusammen. Unser Haus liegt in einem Villenviertel, in England würde man von einer Doppelhaushälfte mit kleinem Garten reden. Wie man es hier bezeichnet, weiß ich nicht, wahrscheinlich mit einem spanischen Ausdruck für ›geräumige Villa mit Park‹. Das stimmt jedoch nicht, das Haus ist nicht geräumig, es ist eng und nichts ähnelt auch nur entfernt einem Park. Es gibt jedoch einen netten Hinterhof, den ich mit meinen beiden Katzen, einer Henne, der Magd und ihren beiden Kindern, einigen Fliegen und einer Agave teile. Es ist sehr angenehm, daß mein Zimmer auf den hübschen Hof hinausführt, wobei keine Stufen zu bewältigen sind – ich brauche nur die Tür zu öffnen, um mich bei Nacht an den Sternen oder an der frühen Morgensonne zu erfreuen. Das ist freilich die einzige Offenbarung des

Sonnenlichtes, die ich ertragen kann. Das Dienstmädchen Rosina ist eine Indianerin. Sie hat einen mürrischen Charakter und scheint im allgemeinen alle anderen Menschen abzulehnen. Mich zählt sie wohl nicht zur Kategorie Mensch, daher ist unser Verhältnis nicht unerfreulich. Die Agave, die Fliegen und ich sind Dinge, die zum Hinterhof gehören, wir sind Bestandteile der Landschaft und werden als solche hingenommen. Die Katzen stehen auf einem anderen Blatt. Ihre Individualität bringt Rosina zu Anfällen von Entzücken oder Wut, je nach ihrer augenblicklichen Stimmung. Mit den Katzen spricht sie, mit ihren Kindern nie, dennoch hat sie sie wohl auf ihre Art gern.

Ich habe dieses Land nie verstehen können und fürchte nun langsam, daß ich nie wieder in den Norden zurückkehren werde, nie wieder von hier fortkomme. Aber ich darf die Hoffnung nicht aufgeben, Wunder können geschehen und geschehen sogar oft. Für die meisten Menschen sind fünfzig Jahre eine lange Zeit, um ein Land zu besuchen; immerhin ist das oft mehr als ein halbes Leben. Doch für mich bedeuten fünfzig Jahre nur einen Zeitraum, den ich an einem Ort verbracht habe, an dem ich in Wirklichkeit überhaupt nicht sein wollte. Seit den letzten fünfundvierzig Jahren versuche ich, von hier fortzukommen. Aus irgendeinem Grund ist es mir nie gelungen, vielleicht gibt es einen Zauberbann, der mich in diesem Land festhält. Irgendwann werde ich wohl herausfinden, warum ich hier so lange geblieben bin, wiewohl ich glücklich von Rentieren und Schnee, Kirschbäumen, Wiesen und Drosselgesang träume.

England steht nicht immer im Mittelpunkt dieser Träume. Ich habe eigentlich keine besondere Lust, mich in England niederzulassen, obwohl ich meine Mutter in London besuchen muß. Sie wird allmählich alt, auch wenn sie sich einer ausgezeichneten Gesundheit erfreut. Zumindest vom biblischen Standpunkt aus gesehen, sind hundertzehn Jahre kein so sehr hohes Alter. Der Diener meiner Mutter, Margrave, der mir immer Ansichtskarten vom Buckingham-Palast schickt, schreibt mir, sie sei noch sehr flink in ihrem Rollstuhl. Wie freilich jemand in einem Rollstuhl flink sein kann, kann ich mir nicht vorstellen. Er sagt, sie sei fast blind, trage aber keinen Bart, was eine Anspielung auf eine Fotografie von mir sein muß, die ich letztes Jahr als Weihnachtsgeschenk übersandte.

In der Tat habe ich einen kurzen grauen Bart, den konventionelle Menschen abstoßend finden würden. Ich persönlich finde ihn eher stattlich.

In England wäre ich nur ein paar Wochen, und dann würde ich endlich in den Traum meines Lebens eintauchen und nach Lappland fahren, um mich dort von Hunden, dickpelzigen Hunden, in einem Fuhrwerk ziehen zu lassen.

Ich schweife ab, doch denken Sie nicht, mein Geist wandere durch die Gegend. Er wandert immer nur so weit, wie ich ihn haben will.

Ich lebe also bei meinem Galahad, meistens im

Hinterhof. Galahad hat eine ziemlich große Familie und ist keineswegs reich. Er lebt von einem kleinen Einkommen, das Konsulatsbeamten gezahlt wird, solchen, die nicht wirklich Botschafter sind. (Denen zahlen ihre Regierungen, wie ich höre, ein großzügigeres Gehalt.) Galahad ist mit der Tochter des Leiters einer Zementfabrik verheiratet. Sie heißt Muriel, und ihre Eltern sind beide Engländer. Muriel hat fünf Kinder, der Jüngste lebt noch hier mit uns zusammen. Robert ist fünfundzwanzig und noch unverheiratet. Er hat keinen angenehmen Charakter und war schon als Kind unfreundlich zu Katzen. Außerdem fährt er auf einem Motorrad herum und hat uns mit einem Fernsehapparat beglückt. Seit dieser Zeit sind meine Besuche in den vorderen Regionen des Hauses zunehmend seltener geworden. Wann immer ich dort auftauche, ist es, wenn ich so sagen darf, mehr in der Form einer Erscheinung. Dies scheint dem Rest der Familie eine gewisse Erleichterung zu verschaffen, da meine Tischmanieren ziemlich unkonventionell geworden sind. Mit dem Alter wird man den Eigenheiten der anderen gegenüber etwas weniger feinfühlig; so hätte ich mit vierzig noch gezögert, in einer überfüllten Straßenbahn oder im Bus eine Apfelsine zu essen, heute würde ich nicht nur ohne Skrupel Orangen verzehren, sondern ohne Erröten in jedem beliebigen öffentlichen Fahrzeug eine ganze Mahlzeit, und diese sogar mit einem Glas Portwein hinunterspülen, den ich mir ab und zu als etwas Besonderes gönne.

Dennoch, ich mache mich nützlich und helfe in der Küche, die direkt neben meinem Zimmer liegt. Ich putze Gemüse, füttere die Hühner und – wie ich bereits erwähnt habe – ergehe mich in anderen stürmischen Aktivitäten, wie donnerstags mein Zimmer auszufegen. Ich bereite niemandem Mühe und halte mich sauber, ohne von anderen Hilfe zu erwarten.

Jede Woche bringt eine Reihe sanfter Freuden; jede Nacht, bei schönem Wetter, den Himmel, die Sterne und den zu- und abnehmenden Mond. Wenn es das Wetter erlaubt, besuche ich montags meine Freundin Carmella, die zwei Straßenzüge weiter wohnt. Sie lebt in einem sehr kleinen Haus zusammen mit ihrer Nichte, die, obwohl Spanierin, Kuchen für ein schwedisches Teehaus backt. Carmella führt ein angenehmes Leben und ist wirklich sehr intellektuell. Bücher liest sie mittels einer eleganten Lorgnette, und anders als ich murmelt sie kaum einmal vor sich hin. Sie strickt raffinierte Pullover, doch die größte Freude ihres Lebens ist das Briefeschreiben. Carmella schreibt Briefe an Menschen auf der ganzen Welt, Menschen, die sie nie gesehen hat. Und sie unterschreibt mit den verschiedensten romantischen Namen, jedoch nie mit ihrem eigenen. Anonyme Briefe würde Carmella verachten, und natürlich wären sie auch unpraktisch, denn wer kann einen Brief beantworten, an dessen Ende keine Unterschrift steht? Diese wundervollen Briefe, in Carmellas zarter Handschrift niedergeschrieben, fliegen auf himmlische Weise, auf dem Luftweg, davon. Nie schreibt jemand zurück. Das ist die wirklich unverständliche Seite der Menschheit, nie haben die Leute für irgend etwas Zeit.

An einem schönen Montag begab ich mich also zu meinem gewohnten Besuch bei Carmella, die mich sogar schon an der Türschwelle erwartete. Da sie ihre Perücke vergessen hatte, erkannte ich gleich, daß sie sich in einem Zustand hoher Erregung befand. Carmella hat eine Glatze. Unter gewöhnlichen Umständen würde sie nie ohne Perücke auf die Straße gehen, sie ist nämlich ziemlich eitel. Ihre rote Perücke ist eine Art königliche Reverenz an ihr schon vor langer Zeit verlorenes Haar, das, wenn ich mich recht erinnere, fast so rot war wie ihre Perücke jetzt. An diesem Montag jedoch war Carmella ihrer gewöhnlichen Pracht entkleidet. Sie murmelte auch erregt vor sich hin, was sonst ebenfalls nicht ihre Art ist. Ich hatte ihr ein Ei mitgebracht, das die Henne an diesem Morgen gelegt hatte. Als Carmella meinen Arm ergriff, fiel es zu Boden. Das war nun wirklich sehr bedauerlich, da man das Ei nicht wieder kitten konnte.

»Marian, ich habe schon auf dich gewartet, du kommst zwanzig Minuten zu spät«, sagte sie, ohne auf das zerbrochene Ei zu achten. »Eines Tages wirst du überhaupt vergessen zu kommen.« Ihre Stimme klang wie ein dünnes Pfeifen, und ich kann ihre Worte auch nur ungefähr wiedergeben, da ich sie ja kaum hörte. Sie zog mich ins Haus, und nach mehreren vergeblichen Anläufen gab sie mir zu verstehen, daß sie ein Geschenk für mich habe: »Ein Geschenk! Ein Geschenk! Ein Geschenk!« Carmella hatte mir des öfteren Geschenke gemacht, manchmal waren sie gestrickt, manchmal eßbar, doch noch nie hatte ich sie so aufgeregt erlebt. Als sie das Hörrohr auspackte, war ich ziemlich verlegen, da ich nicht wußte, ob es zum Essen, zum Trinken oder nur als Schmuck diente. Nach vielerlei Hin und Her führte sie es schließlich in mein Ohr ein, und was ich bis jetzt als ein dünnes Pfeifen vernommen hatte, schoß nun wie das Gebrüll eines gereizten Stiers durch meinen Kopf.

»Marian, kannst du mich hören?« (Ich konnte in der Tat, es war fürchterlich.)

»Marian, kannst du mich hören?«

Sprachlos nickte ich, der grauenvolle Lärm war schlimmer als Roberts Motorrad.

»Dieses herrliche Hörrohr wird dein Leben verändern!«

Schließlich sagte ich: »Um Himmels willen, schrei nicht so, du machst mich ganz nervös.«

»Ein Wunder«, rief Carmella, immer noch sehr erregt, dann aber in etwas ruhigerem Ton: »Dein Leben wird einen anderen Lauf nehmen.«

Wir setzten uns hin und lutschten eine Veilchenpastille, die Carmella mag, weil sie dem Atem einen angenehmen Duft geben. Aus Liebe zu Carmella habe ich mich langsam an diesen ziemlich scheußlichen Geschmack gewöhnt und mag ihn inzwischen sogar gerne. Dann dachten wir über die revolutionären

Möglichkeiten des Hörrohrs nach. »In Zukunft kannst du nicht nur schöner Musik und geistreicher Unterhaltung zuhören, sondern auch ausspionieren, was deine ganze Familie über dich redet. Und das wird gewiß sehr amüsant sein.« Carmella hatte ihre Pastille aufgelutscht und sich eine ihrer kleinen schwarzen Zigarren angezündet, die sie für besondere Gelegenheiten aufhebt.

»Natürlich mußt du mit dem Hörrohr sehr vorsichtig sein, denn wenn sie nicht wollen, daß du hörst, was sie über dich sagen, könnten sie es dir wegnehmen.«

»Warum sollten sie irgend etwas vor mir verbergen?« fragte ich und dachte an Carmellas unheilbare Leidenschaft für das Dramatische. »Ich mache ihnen keine Mühe, und sie sehen mich fast nie.«

»Man kann nie wissen«, sagte Carmella. »Lebewesen unter siebzig und über sieben kann man nicht trauen, es sei denn, es handelt sich um Katzen. Du kannst nicht vorsichtig genug sein. Außerdem, denk doch an den Spaß und die Macht, die es dir gibt, andere reden zu hören, wenn sie glauben, du bist taub.«

»Das Hörrohr können sie kaum übersehen«, sagte ich zweifelnd, »es muß das Horn eines Büffels sein, Büffel sind gewaltige Tiere.«

»Natürlich dürfen sie nicht sehen, wie du es benutzt, du mußt dich irgendwo verstecken und zuhören.« Daran hatte ich noch nicht gedacht, es taten sich tatsächlich unendliche Möglichkeiten auf.

»Also, Carmella, das war wirklich sehr lieb von dir,

und diese Blumen-Perlmutt-Einlage sieht entzükkend aus, wie aus dem siebzehnten Jahrhundert.«

»Du kannst jetzt auch meinen letzten Brief hören, den ich noch nicht abgeschickt habe, weil ich nur darauf wartete, ihn dir vorzulesen. Seitdem ich im Konsulat das Pariser Telefonbuch gestohlen habe, hat sich mein Tätigkeitsfeld ungeheuer ausgedehnt. Du glaubst nicht, was es in Paris für herrliche Namen gibt. Dieser Brief geht an Monsieur Belvedere Oise-Noisis; Rue de la Rechte Potin, in Paris Ile. Etwas Wohlklingenderes könnte man beim besten Willen kaum erfinden. Ich sehe ihn vor mir: ein zarter alter Herr, noch sehr elegant und mit einer Leidenschaft für tropische Pilze, die er in einem Empire-Schrank zieht. Er trägt gestickte Westen und reist mit purpurfarbenem Gepäck.«

»Weißt du, Carmella, manchmal glaube ich, du würdest eher eine Antwort bekommen, wenn du deine Vorstellungen nicht Menschen aufdrängtest, die du nie gesehen hast. Natürlich ist Monsieur Belvedere Oise-Noisis ein sehr hübscher Name, aber angenommen, der Mann ist fett und sammelt Weidenkörbe? Angenommen, er verreist nie und hat kein Gepäck, oder er ist jung und hat einen Hang zur Seefahrt? Ich glaube, du mußt realistischer sein!«

»Marian, du bist manchmal sehr ablehnend, obwohl ich weiß, daß du ein gutes Herz hast. Es gibt aber doch gar keinen Grund, warum Monsieur Belvedere Oise-Noisis etwas so Triviales tun sollte, wie Weidenkörbe sammeln. Er ist gebrechlich, aber unerschrocken, und ich habe vor, ihm einige Pilzsamen zu schicken, damit er die Arten, die ihm vom Himalaya gesandt werden, veredeln kann.«

Dem ließ sich kaum etwas hinzufügen, und Carmella las den Brief vor. Sie gab sich als eine berühmte peruanische Alpinistin aus, die einen Arm verloren hatte, als sie versuchte, einem Grizzlybären-Jungen, das am Rande eines Abgrundes hing, das Leben zu retten. Die Bärenmutter hatte ihr unfreundlicherweise dabei den Arm abgebissen. Carmella fuhr dann fort, alle möglichen Informationen über Hochgebirgspilze zu geben, und erbot sich, Proben zu schicken. Meiner Meinung nach setzte sie zu viel als selbstverständlich voraus.

Als ich Carmellas Haus verließ, war es fast Mittag. Das geheimnisvolle Paket trug ich unter meinem Schal versteckt, und ich ging langsam, um Energie zu sparen. Vor lauter Erregung hätte ich fast vergessen, daß es zum Mittagessen Tomatensuppe gab. Ich habe Tomatensuppe aus der Büchse schon immer sehr gerne gemocht: Es gibt sie leider nur selten bei uns.

In meiner freudigen Verwirrung kam ich auf die Idee, durch die vordere Haustür zu gehen, anstatt, wie es meine Gewohnheit ist, den hinteren Eingang zu benutzen. Ein wenig spielte dabei auch der Gedanke eine Rolle, etwas von Muriels Schokolade zu naschen, die sie hinter dem Bücherschrank versteckt hält. Wenn es um Süßigkeiten geht, ist Muriel äußerst kleinlich; sie wäre nicht so dick, wenn sie etwas großzügiger wäre. Ich wußte, daß sie in die

Stadt gegangen war, um Schutzdeckchen zu kaufen, die die fettigen Stellen auf den Sesseln verbergen sollten. Ich kann Schutzdeckchen nicht ausstehen und habe lieber abwaschbare Korbsessel, die nicht so deprimierend wirken wie schmutzige Stoffbezüge. Unglücklicherweise bot Robert gerade im Wohnzimmer zwei Freunden Cocktails an. Alle starrten mich an und schauten dann betreten zur Seite, als ich ihnen erklärte, daß ich nur auf meinem gewöhnlichen Montagsspaziergang gewesen sei. Meine Aussprache ist nicht mehr so gut wie früher, weil ich keine Zähne mehr habe. Ich war aber mit meinem Monolog noch nicht weit gekommen, als Robert mich unsanft beim Arm packte und in den Gang stieß, der zur Küche führt. Offenbar war er wütend. Carmella hat recht, man kann keinem Wesen unter siebzig und über sieben trauen.

Wie gewöhnlich aß ich in der Küche zu Mittag und ging dann in mein Zimmer, um die Katzen Marmien und Tcha-Tcha zu kämmen. Ich kämme die Katzen täglich, um ihr langes Fell hübsch und glänzend zu halten; das Haar, das im Kamm bleibt, bewahre ich für Carmella auf, die mir versprochen hat, daraus einen Pullover zu stricken, sobald genug beisammen ist. Zwei kleine Marmeladengläser habe ich schon mit dem hübschen, weichen Haar gefüllt und sorge damit auf eine angenehme und billige Weise für warme Winterkleidung. Carmella meint, eine ärmellose Jacke sei ein sehr praktisches Kleidungsstück für kalte Tage. Ich habe jetzt vier Jahre gebraucht, um die zwei Marmeladengläser zu füllen, es mag also noch einige Zeit vergehen, bis ich genügend Wolle für ein vollständiges Kleidungsstück habe. Vielleicht könnte man ein wenig Lamawolle darunter einweben, doch Carmella hält das für Betrug. Rosinas Cousine schenkte mir einmal ein einfaches indianisches Spinnrad. Ich habe es mit Baumwollresten ausprobiert und hübsche, praktische Seile damit gesponnen. Habe ich erst einmal genug Katzenwolle, dann werde ich wohl auch geschickt genug sein, feines Garn damit zu spinnen. Das hält mich beschäftigt, und ich könnte eigentlich recht zufrieden sein, wäre da nicht diese schreckliche Sehnsucht nach dem Norden. Es heißt, daß man von hier aus den Polarstern sieht und daß er sich nicht von der Stelle bewegt. Ich habe ihn aber noch nie ausmachen können, Carmella besitzt zwar eine Planisphäre, doch deren richtige Anwendung ist uns bislang noch nicht geglückt, und man kann nur so wenige Menschen über diese Dinge befragen.

Nachdem ich mein Hörrohr sorgfältig versteckt hatte, ging ich an meine Nachmittagsbeschäftigung. Die rote Henne sah aus, als wolle sie noch ein Ei auf mein Bett legen, und wie immer sträubte sich Marmien dagegen, daß ich ihren Schwanz auskämmte. Als Galahad plötzlich in mein Zimmer trat, wäre ich fast vom Stuhl gefallen. Das letzte Mal hatte mein Sohn mich besucht, als der Wasserbehälter geplatzt war und er mit dem Installateur hereinkam. Murmelnd blieb er an der Tür stehen. Vermutlich sagte er etwas.

Dann stellte er eine Flasche Portwein auf meine Kommode, murmelte wieder etwas und verschwand. Dieses erstaunliche Betragen Galahads stimmte mich bis zum Abend nachdenklich. Es gab ganz einfach keinen Grund für seinen Besuch. Ich hatte nicht Geburtstag, zudem bekomme ich von ihm nie ein Geburtstagsgeschenk; dem Wetter nach zu urteilen, war es auch nicht Weihnachten. Was hatte nur diese merkwürdige Änderung seiner Gewohnheiten ausgelöst?

Zu jenem Zeitpunkt maß ich dem Ereignis wohl noch keine unheilvolle Bedeutung zu. Ich war nur neugierig und erstaunt. Hätte ich dagegen Carmellas Gabe der Menschenbeobachtung besessen, wäre ich wohl schon damals etwas nachdenklicher geworden. Doch auch wenn ich die nachfolgenden Ereignisse vorausgesehen hätte, wäre mir keine andere Wahl geblieben, als abzuwarten.

Einen großen Teil meines Lebens habe ich mit meist vergeblichem Warten verbracht. Seit kurzem sind zusammenhängende Gedanken nicht mehr so ganz meine Sache, bei diesem Vorfall jedoch machte ich sogar einen Schlachtplan. Ich wollte die Gründe für Galahads ungewohnte Freundlichkeit herausfinden. Nicht daß es ihm an den normalen menschlichen Gefühlen fehlt, doch er betrachtet Freundlichkeit gegenüber leblosen Kreaturen als Zeitverschwendung. Vielleicht hat er recht, andererseits finde ich die Agave sehr lebendig, da kann ich wohl auch für mich eine Daseinsberechtigung geltend machen.

Am späteren Abend, nach dem Essen, wartete ich, bis Rosina sich zurückgezogen hatte. Dann packte ich sorgfältig mein Hörrohr aus, verließ mein Zimmer und verbarg mich in dem dunklen Gang zwischen Salon und Küche. Diese Tür war immer offen, so daß ich ohne Mühe ein friedliches Familienbild in mich aufnehmen konnte. Galahad saß Muriel gegenüber am Kamin, in dem ein elektrisches Holzscheit lag. Das war aber abgestellt, da es nicht sehr kalt war. Robert saß auf dem engen Sofa und zerriß die Morgenzeitung in Streifen. Die neuen Schutzdeckchen hingen pflichtschuldig über den Sesseln und dem Sofa. Sie waren dunkelbeige und mit Fransen versehen, vermutlich praktisch und leicht zu waschen. Meine drei Familienangehörigen waren in eine Diskussion vertieft.

»Selbst wenn es nie wieder vorkommen sollte, ist das Resultat unerträglich«, sagte Robert so laut, daß mein Hörrohr vibrierte. »Ich werde es nie wieder wagen, meine Freunde hierher einzuladen.«

»Ich dachte, alles wäre schon entschieden«, antwortete Galahad. »Du brauchst dich doch nicht mehr so aufzuregen, wenn wir alle übereingekommen sind, daß sie viel besser in einem Heim aufgehoben wäre.«

»Du entscheidest immer alles zwanzig Jahre zu spät«, sagte Muriel. »Deine Mutter ist seit zwanzig Jahren eine ständige Sorge für uns gewesen, und du warst so dickköpfig und träge, sie hier bei uns zu lassen, nur um deiner Gefühlsduselei nachzugeben.«

»Muriel, du bist ungerecht«, entgegnete Galahad

kläglich, »du weißt, bevor Charles starb, hätten wir nie die Mittel gehabt, sie in ein Heim zu geben.«

»Die Regierung hat Heime für Alte und Kranke«, schnauzte Muriel ihn an. »Sie hätte dort längst untergebracht werden sollen.«

»Wir sind nicht in England«, sagte Galahad. »Die Heime hier sind wirklich nicht für menschliche Wesen gemacht.«

»Man kann Großmutter wohl kaum als menschliches Wesen betrachten«, sagte Robert. »Sie ist ein sabbernder Sack verwesendes Fleisch.«

»Robert«, protestierte Galahad matt, »wirklich! Robert!«

»Also mir reicht's«, sagte Robert. »Ich lade ein paar Leute auf ein Glas und zu einer ganz normalen Unterhaltung ein, und herein spaziert das Gespenst von Glamis, brabbelt einen im hellen Tageslicht an, bis ich sie hinauswerfen muß. Sanft natürlich!«

»Galahad, du weißt doch, diese alten Leute fühlen anders als du und ich«, fügte Muriel hinzu. »Sie wäre viel glücklicher in einem ordentlichen Heim, wo geeignete Helfer für sie sorgen. Heutzutage ist das alles sehr gut organisiert. Dieses Heim Santa Brigida, von dem ich dir erzählt habe, wird von der Bruderschaft der Quelle des Lichts geführt. Finanziert wird es von einer berühmten amerikanischen Getreidefirma (Flotte Frühstücksflocken Co.). Alles ist sehr rationell organisiert und verhältnismäßig billig.«

»Ich weiß, du hast mir schon davon erzählt«, sagte Galahad, dem die Unterhaltung offensichtlich langweilig wurde. »Ich glaube auch, daß das der richtige Ort für sie ist, und sie werden dort auch gut für sie sorgen.«

»Wann schicken wir sie denn los?« sagte Robert. »Aus dem Zimmer könnte ich eine Werkstatt für mein Motorrad machen.«

»Nicht so schnell«, wehrte Galahad ab, »es muß ihr erst einmal beigebracht werden.«

»Beigebracht?« fragte Muriel voller Erstaunen. »Sie hat ja keinen Schimmer, wo sie überhaupt ist, ich glaube nicht, daß sie den Wechsel überhaupt wahrnimmt.«

»Vielleicht merkt sie es doch«, sagte Galahad. »Bei ihr weiß man nie, was sie versteht und was nicht.«

»Deine Mutter ist senil«, antwortete Muriel. »Je eher du dich mit dieser Tatsache vertraut machst, desto besser.«

Ich nahm für einen Moment das Hörrohr herunter, unter anderem, weil mich mein Arm schmerzte. Senil? Ja, wahrscheinlich haben sie recht, aber was heißt das, senil?

Ich hob das Rohr an das andere Ohr. »Sie wäre besser tot«, sagte Robert. »In diesem Alter geht's den Menschen besser, wenn sie tot sind.«

Als ich in meinem wollenen Nachthemd wieder im Bett war, zitterte ich vor Schüttelfrost, der zu jemand anderem zu gehören schien. Der erste grausame, immer wiederkehrende Gedanke war: »Die Katzen, was wird aus den Katzen?« Danach: »Carmella, was wird aus den Montagmorgen bei Carmella, und die rote Henne, weshalb glauben sie, man sei tot besser daran? Wie können sie das überhaupt wissen? Und, o liebe Venus (ich bete immer zur Venus, sie ist ein so strahlender und leicht erkennbarer Stern), was ist die ›Bruderschaft der Quelle des Lichts‹? Das klingt ja schlimmer als der Tod selbst, eine Bruderschaft, die genau weiß, was das Beste für andere Menschen ist, und den eisernen Willen hat, sie zu bessern, mögen sie es nun wollen oder nicht. O Venus, was habe ich nur getan, um das zu verdienen! – Und was wird aus den Katzen, was wird aus Marmien und Tcha-Tcha? Nie werde ich ihre Wolle zu einer Jacke spinnen können, die meine fröstelnden Glieder wärmt, nie werde ich Katzenwolle tragen, statt dessen wahrscheinlich eine Uniform – keine rote Henne legt täglich ein Ei auf mein Bett.«

Von diesen schrecklichen Visionen und Gedanken hin- und hergerissen, sank ich schließlich in etwas, was eher völlige Erstarrung als Schlaf war. Selbstverständlich suchte ich am nächsten Morgen Carmella auf, um ihr die Schreckensnachricht zu überbringen. Ich hatte mein Hörrohr dabei, da ich auf einen guten Rat hoffte.

»Manchmal«, sagte Carmella, »bin ich hellsichtig. Als ich auf dem Flohmarkt das Hörrohr sah, sagte ich mir, das ist genau das Richtige für Marian. Ich mußte es sofort kaufen, es war eine Vorahnung. Diese Nachricht ist schrecklich, ich muß nachdenken und versuchen, einen Plan zu entwerfen.«

»Was hältst du von der ›Bruderschaft der Quelle des Lichts‹?« fragte ich. »Sie macht mir angst.«

»Die ›Bruderschaft der Quelle des Lichts‹ ist offensichtlich eine äußerst finstere Angelegenheit. Vielleicht nicht unbedingt eine Firma, in der alte Damen zu Frühstücksflocken vermahlen werden, aber wohl etwas moralisch Anrüchiges. Der Name klingt fürchterlich. Ich muß mir unbedingt etwas ausdenken, das dich aus den Klauen der ›Quelle des Lichts‹ rettet.« Dies schien sie ohne erkennbaren Grund zu amüsieren, denn sie kicherte, obwohl ich sehen konnte, wie sehr aufgeregt sie war.

»Sie werden mir wohl nicht erlauben, die Katzen mitzunehmen?«

»Keine Katzen«, sagte Carmella. »Institutionen dürfen überhaupt nichts lieben. Dazu haben sie keine Zeit.«

»Was soll ich nur tun?« sagte ich. »Es wäre doch schade, Selbstmord zu verüben, nachdem ich zweiundneunzig Jahre gelebt und in Wirklichkeit noch überhaupt nichts begriffen habe.«

»Du könntest nach Lappland fliehen«, sagte Carmella. »Wir könnten hier ein Zelt stricken, damit du bei deiner Ankunft keines zu kaufen brauchst.«

»Ich habe kein Geld, und ohne Geld werde ich nie nach Lappland kommen.«

»Geld ist wirklich etwas Lästiges«, sagte Carmella. »Wenn ich welches hätte, würde ich es dir geben, und wir könnten auf dem Weg nach Lappland Ferien an der Riviera machen, wir könnten sogar ein wenig

Roulette spielen.« Einen nützlichen Rat hatte selbst Carmella nicht.

Häuser sind wie Körper. Die Wände, Dächer und anderen Dinge, die uns umgeben, hängen mit uns zusammen wie unsere Leber, unsere Knochen, unser Fleisch und unser Blut. Ich bin keine Schönheit, ich brauche keinen Spiegel, um mich dieser sicheren Tatsache zu vergewissern. Trotzdem klammere ich mich verzweifelt an dieses magere Gerippe, als wäre es der schmiegsame Körper der Venus selbst. Dies gilt genauso für den Hinterhof, das kleine Zimmer, das ich damals bewohnte, meinen Körper, die Katzen, die rote Henne. Alles ist mein Körper, ist Teil meines eigenen trägen Blutkreislaufes. Eine Trennung von diesen vertrauten und geliebten, jawohl geliebten Dingen, bedeutete ›Tod, ja der Tod selbst‹, wie es in dem alten Reim vom heuchlerischen Mann heißt. Es gab kein Mittel gegen die Nadel, die in meinem Herzen saß und einen langen Faden von altem Blut gezogen hatte. Natürlich hätten auch Lappland und das Hundegespann eine scharfe Verletzung meiner geliebten teuren Gewohnheiten bedeutet, doch was war das im Vergleich zu einem Heim für hinfällige alte Damen.

»Für den Fall, daß man dich in einem Zimmer im zehnten Stock einsperren sollte«, sagte Carmella, während sie eine Zigarre anzündete, »könntest du ein paar von den Seilen mitnehmen, die du dir geflochten hast und entfliehen. Ich könnte unten mit einer Maschinenpistole und einem Automobil warten, natürlich einem Mietwagen, für eine oder zwei Stunden wird das nicht so teuer sein.«

»Wo willst du eine Maschinenpistole hernehmen?« fragte ich. Die Vorstellung von Carmella mit einem so tödlichen Instrument in der Hand erschreckte mich. »Und wie funktioniert so etwas? Wir haben nie herausgefunden, wie man mit der Planisphäre umgeht, eine Maschinenpistole muß doch sehr viel komplizierter sein.«

»Maschinenpistolen«, sagte Carmella, »sind das einfachste von der Welt. Du lädst sie mit einer Menge Kugeln und drückst auf den Abzug. Dazu sind keine intellektuellen Operationen nötig, du brauchst noch nicht einmal etwas zu treffen. Der Krach beeindruckt die Menschen, man glaubt einfach, weil du eine Maschinenpistole hast, bist du gefährlich.«

»Das könntest du in der Tat sein«, antwortete ich beunruhigt. »Angenommen du triffst aus Versehen mich?«

»Ich würde den Abzug nur im äußersten Notfall betätigen. Vielleicht hetzen sie ein Rudel Polizeihunde auf uns, dann müßte ich natürlich schießen. Ein ganzes Rudel von Polizeihunden ist eine ziemlich große Zielscheibe. Auf eine Entfernung von zweieinhalb Metern sind Hunde nicht schwer zu treffen. Auf jeden Fall könnte ich dich von einem bissigen Polizeihund unterscheiden. «

Richtig überzeugen konnte Carmellas Darlegung mich nicht. »Und wenn es sich nur um einen Polizeihund handelt, der mich im Kreis umherjagt? Da könntest du mich leicht an Stelle des Hundes treffen.«

»Du«, sagte Carmella und stach mit ihrer Zigarre in die Luft, »du würdest die zehn Stockwerke an deinem Seil herunterhangeln. Mich würden die Hunde angreifen, nicht dich.«

»Nun gut«, sagte ich, immer noch etwas zweifelnd, »wir verlassen den Exerzierhof, auf dem jetzt lauter tote Polizeihunde herumliegen, (es würde wahrscheinlich ein Exerzierhof mit hohen Mauern sein), und was machen wir dann, und wo sollen wir hin?«

»An einem teuren Seebadeort schließen wir uns mit der Bande zusammen, zapfen Telefondrähte an und geben die Sieger von Pferderennen durch, ehe die Buchmacher auszahlen. «

Carmella war vom Gegenstand abgekommen. Ich machte einen Versuch, sie auf den Kernpunkt unseres Gespräches zurückzuführen.

»Hast du nicht gesagt, Tiere wären in Heimen nicht erlaubt? Aber vierzig Polizeihunde sind doch wahrhaftig Tiere. «

»Genaugenommen sind Polizeihunde keine Tiere. Polizeihunde sind pervertierte Tiere ohne tierisches Wesen. Wenn Polizisten schon keine menschlichen Wesen sind, wie können da Polizeihunde Tiere sein?«

Darauf gab es keine Antwort. Carmella hätte Rechtsanwalt werden sollen, bei komplizierten Debatten hatte sie immer die Oberhand.

»Genausogut könntest du sagen, Collies seien pervertierte Schafe«, sagte ich schließlich. »Wenn man so viele Hunde in einem Heim hält, sehe ich nicht ein, was eine oder zwei Katzen da für einen Unterschied machen sollten.«

»Stell dir einmal die Katzen vor, die in ständiger Angst unter vierzig grimmigen Polizeihunden leben müssen.«

Carmella starrte mit gequältem Ausdruck vor sich hin: »Ihr Nervensystem wäre einer solchen Situation einfach nicht gewachsen.« Sie hatte natürlich recht, wie stets.

Von Hoffnungslosigkeit überwältigt, wankte ich nach Hause. Wie würde ich Carmella vermissen, ihre anregenden Ratschläge, die schwarzen Zigarren, die Veilchenpastillen. In einem Heim würde man vermutlich Vitamintabletten lutschen müssen. Vitamintabletten, Polizeihunde, graue Mauern, Maschinenpistolen – ich konnte nicht mehr zusammenhängend denken. Wie durcheinanderlaufende Wogen flutete der Schrecken über meine Lage durch mein Hirn, und das schmerzte, als wäre es mit dornigem Seegras gefüllt.

Mehr als die eigene Kraft trug mich die Macht der Gewohnheit nach Hause und an meinen Platz im Hinterhof. Seltsamerweise war ich in England, und es war Sonntagnachmittag. Ich saß mit einem Buch auf einer steinernen Bank unter einem Fliederbaum. Dicht neben mir erfüllte ein Rosmarinbusch die Luft mit seinem Duft. Nebenan spielte man Tennis, das Plonk-Plonk der Schläger und Bälle war deutlich zu hören. Dies war der versunkene ›Holländische Garten‹, warum eigentlich holländisch? Wegen der Rosen, der geometrisch angelegten Blumenbeete oder, vielleicht, weil er versunken ist? Von der protestantischen Kirche läuten die Kirchenglocken, haben wir schon Tee getrunken? (Gurkenbrötchen, Kümmelkuchen und hartgebackene Plätzchen.) Ja, die Teezeit muß vorüber sein. Mein langes dunkles Haar ist weich wie das Fell einer Katze, ich bin schön. Das ist ein ziemlicher Schock, ich habe gerade entdeckt, daß ich schön bin, da muß ich doch etwas unternehmen, aber was? Schönheit verpflichtet genauso wie andere Dinge. Schöne Frauen haben ihr eigenes Leben wie Premierminister, aber das will ich eigentlich gar nicht, da muß es noch etwas anderes geben ... Das Buch. Nun kann ich es sehen, die Märchen von Hans Christian Andersen, die Schneekönigin.

Die Schneekönigin, Lappland. Die kleine Kay, die in ihrem Eispalast Rechenaufgaben löst.

Nun erkenne ich, daß man auch mir ein mathematisches Problem gestellt hat, das ich nicht lösen kann, obwohl ich es offenbar schon so viele Jahre versuche. In Wirklichkeit bin ich hier gar nicht in England, in diesem duftenden Garten, obwohl er nicht entschwindet, wie er es sonst immer tut. Ich erfinde dies alles, und es wird bald entschwinden, aber nein, es tut es nicht. Sich so stark und glücklich zu fühlen, ist gefährlich, etwas Schreckliches wird geschehen, und ich muß schnell die Lösung finden.

Die toten Autorinnen haben es hinter sich, die lebenden noch vor sich: das Alter.

Djuna Barnes: 1892 in Cornwall-on-Hudson geboren, 1982 in New York gestorben; sie haßte Fragen nach ihrem Privatleben; in ihrem berühmten 1936 erschienenen Roman *Nachtgewächs* heißt es: »Keiner leidet so viel, wie er sollte, oder liebt so sehr, wie er sagt. Liebe ist die erste Lüge, Weisheit die letzte.« Ihr Werk umfaßt Erzählungen und Romane, Essays, Gedichte und das Theaterstück *The Antiphon*. Sie lebte lange in Paris, liebte Frauen und Männer, sie war extravagant und eine wahrhafte Exzentrikerin.
Die Erzählung *Altweibersommer* ist dem 1999 im Wagenbach Verlag Berlin erschienenen Band *Eine Nacht mit den Pferden* entnommen. Aus dem Amerikanischen von Karin Kersten. © 1987 Verlag Klaus Wagenbach, Berlin.

Emmanuelle Bayamack-Tam: geboren in den sechziger Jahren des vergangenen Jahrhunderts in Marseille; sie lebt in Paris, schreibt Romane und Erzählungen. In dem (bislang einzigen) ins Deutsche übersetzten Roman *Guten Morgen, ihr Toten* erzählt sie von zwei alten Freundinnen, die unter den Händen ihrer jugendlichen Liebhaber sich Gedanken machen darüber, was nach dem Tod mit ihrem Körper passieren soll: Maden oder nicht Maden.
Der vorliegende Ausschnitt ist diesem 2002 bei der edition ebersbach, Berlin, erschienenen Roman entnommen. Aus dem Französischen von Ulla Biesenkamp. © 2002 edition ebersbach, Berlin.

Elizabeth Bowen: 1899 in Dublin geboren, 1973 in London gestorben; ihr erster Roman kam 1927 heraus; insgesamt veröffentlichte die anglo-irische Autorin 10 Romane, 80 Erzählungen, Essays und Aufsätze; in ihrem letzten Roman *Eva Trout* steht eine seltsame junge Frau im Mittelpunkt: Sie lügt, kann nicht weinen, stottert und hält es an keinem Ort lange aus. Sie ist durchdrungen von einer Art böser Unschuld. In einer Geschichte heißt es: »Männer können nicht mit einem Kummer leben oder mit Frauen, die sich ihm ausliefern. Es gibt einen Blick, den Männer bei Tieren aushalten, aber nicht in den Augen von Frauen. Männer fürchten Beharrlichkeit: in der Liebe, im Schmerz.« Die Erzählung *Rotdorn* ist dem 1984 bei Klett-Cotta, Stuttgart, erschienenen Band *Der dämonische Liebhaber* entnommen. Abdruck der deutschen Übersetzung von Annette Charpentier mit freundlicher Genehmigung des Verlages Klett-Cotta, Stuttgart, by arrangement with Curtis Bown Group Ltd. & Agence Hoffman, München. © by Curtis Brown, Ltd., London, Literary Executors of the Estate of the Late Elizabeth Bowen.

Leonora Carrington: geboren in den zehner Jahren des vergangenen Jahrhunderts in der englischen Grafschaft Lancashire; sie gehörte als junge Frau zum Kreis der Surrealisten in Paris, hat in Spanien und in New York gelebt, bis sie schließlich in Mexiko ihre Wahlheimat fand. Neben ihren Gemälden, Skulpturen und Wandteppichen gehören Romane, Erzählungen, Theaterstücke, Gedichte und Essays zu ihrem Werk, das eher im Traum als in der Realität angesiedelt ist. Nie wundert sich eine ihrer Figuren über all die seltsamen und erstaunlichen Dinge, die ihnen begegnen. In ihrem Theaterstück *Flanellnachthemd* (1945) läßt sie die Ehefrau, nachdem ihr Mann in der Küche im wahren Sinn

des Wortes ausblutete, das Strickzeug zusammenpacken mit dem Satz: »Jetzt gehören Sie mir, ich bin das mächtigste Geschöpf der Welt.«
Keines ihrer Bücher ist zur Zeit mehr lieferbar. Der vorliegende Text ist ein Ausschnitt aus dem Roman *Das Hörrohr*, erschienen im Suhrkamp Verlag 1980. Aus dem Englischen von Tilman Spengler. 1980 © Insel Verlag, Frankfurt am Main.

Dorothy Parker: 1893 in New Jersey geboren, 1967 in New York gestorben; sie arbeitete als Theater- und Literaturkritikerin u. a. für den *New Yorker*, schrieb Theaterstücke, Drehbücher, Gedichte, berühmt wurde sie mit ihren Kurzgeschichten, in denen es vor allem um das geht, was zwischen Frauen und Männern alles nicht geht. Gefürchtet war sie als kluge und spitzzüngige Beobachterin und Kommentatorin. In ihrem Zimmer im legendären Hotel Algonquin in New York trafen sich alle, die damals intellektuellen Rang und Namen hatten. Die Erzählung *Geburtstagsblues* ist dem beim Haffmanns Verlag erschienenen Magazin *Der Rabe* entnommen.

Manuela Reichart: geboren in den fünfziger Jahren des vergangenen Jahrhunderts, lebt in Berlin als Radioautorin und Literaturkritikerin; Mitherausgeberin u.a. von *Cocktails* (2003).
Die Erzählung *Der kurze Augenblick der Euphorie* wird im vorliegenden Band erstmals veröffentlicht. © Manuela Reichart, Berlin.
Karin Reschke: geboren in den vierziger Jahren des vergangenen Jahrhunderts; lebt in Berlin, wo sie auch aufgewachsen ist. Bekannt wurde sie 1982 mit *Verfolgte des Glücks – Das Findebuch der Henriette Vogel*. 1996 zitiert sie in ihrem Ge-

schichtenband *Kuschelfisch* programmatisch Ludwig Hohl: »Was gibt es von einem Menschen zu erzählen, der in reiner Monumentalität da ist, ohne etwas zu werden, ohne sich zu bewegen?« In ihrer literarischen Kriminalvariation *Spiel Ende* (2000) steht eine Freundschaft zwischen zwei nicht mehr jungen Damen im Mittelpunkt, die nur der Tod scheiden kann – und in der Gefahr für Leib, Seele und Herz nicht allein von jungen Schönen droht.
Die Erzählung *Nenne es Abschied* wurde dem 1996 bei Hoffmann und Campe, Hamburg, erschienenen Band *Kuschelfisch* entnommen.

Keto von Waberer: geboren in den vierziger Jahren des vergangenen Jahrhunderts, verbrachte ihre Kindheit in Tirol, lebte lange in Mexiko und den USA, wohnt in München; ihren ersten Band mit Erzählungen veröffentlichte sie 1983. 1988 schreibt sie in einer ihrer Geschichten den Satz, der als Motto über all ihren Romanen und Hörstücken, ihren Erzählungen stehen könnte: »Ich aber suchte in allen Büchern nach Liebesgeschichten und dem Versprechen künftiger geheimnisvoller Begebenheiten.« In dem Roman *Schwester* (2002) erzählt sie von einer Liebe der besonderen Art, die zeitweise aussieht wie Haß, sich später als Gleichgültigkeit gebärdet, in Wahrheit jedoch nie ihre Unausweichlichkeit verliert. Die Erzählung *Ein feiner Geigenton* wurde uns freundlicherweise von Keto von Waberer zur Verfügung gestellt.

2. Auflage 2005

Droysenstr. 8, 10629 Berlin
www.edition-ebersbach.de

Umschlagfoto: Frauke Eigen, Berlin
Satz und Umschlaggestaltung: Juliane Ehrlicher, Berlin
Druck und Bindung: Westermann Druck, Zwickau

ISBN 3-934703-79-8